MONO HOUSE

나의 경쟁 상대는
두바이 7성급 호텔이다

나의 경쟁 상대는
두바이 7성급 호텔이다

창업에서
운영까지
게스트하우스
창업 교과서

서우철 지음

미르북
컴퍼니

CONTENTS

들어가며 나는 대한민국 1호 프리미엄 게스트하우스 디렉터다 / 006

1장 게스트하우스가 뭐지?

도심형 민박, 게스트하우스 ……………………… 015
게스트하우스는 주택이다 ……………………… 018
게스트하우스는 블루오션이다 ……………………… 021
게스트하우스도 호텔처럼……………………… 026

● 게스트하우스의 법적 기준 · 030

2장 게스트하우스 창업을 준비하자

어디에 오픈할까 ……………………… 037
손님을 부르는 곳을 찾아라 ……………………… 042
디자인이 생명이다 ……………………… 049

3장 리셉션으로 차별화하라

모노하우스 운영 시스템 ……………………… 057
모노하우스만의 차별화된 리셉션 관리 …… 060
청소는 프로페셔널하게 ……………………… 064
호텔 같은 리셉션 서비스 ……………………… 068
현지인 직원으로 친근함 백 배 ……………………… 072

고객에게 감동을 선물하라 ·················· 076
어떤 방법으로 예약을 받을까 ·················· 079
클레임을 처리하자 ·················· 084
체크인과 체크아웃 ·················· 089
● 모노하우스 프론트(리셉션) 업무 매뉴얼 · 092

4장 고객 감동 하우스키핑

하우스키핑 매뉴얼을 만들자 ·················· 099
하우스키핑으로 고객을 만족시키자 ·················· 105
직원이 만족해야 고객도 만족한다 ·················· 110
직원 복지, 그거야 기본이지 ·················· 116
● 모노하우스 하우스키핑 매뉴얼 · 119

5장 마케팅과 프랜차이즈 전략

마케팅으로 손님을 사로잡아라 ·················· 131
규모화가 정답이다 ·················· 138
프랜차이즈로 성공하라 ·················· 142
프리미엄 게스트하우스 모노하우스 ·················· 147

나오며 결국은 사람이다 / 156

들어가며

나는 대한민국 1호
프리미엄 게스트하우스 디렉터다

    2016년 우리나라를 찾은 외국인 관광객 수가 1,600만 명을 돌파했다. 4년 후인 2020년에는 2,300만 명이 넘는 관광객이 찾을 거라는 전망도 나온다. 지금까지 외국인 관광객들은 80% 이상이 서울을 찾았고, 10~15%가 제주도를 방문했으며 그 외 나머지 5% 남짓만이 다른 지방을 찾았다. 관광객이 가장 많이 찾은 서울도 명동과 종로, 동대문, 남대문, 남산, 홍대에 집중되어 있고, 장소별로 손님의 국적도 확연하게 다르다. 특히 명동을 포함한 중구는 주로 중국인들이 찾고, 홍대는 홍콩과 대만, 싱가포르, 말레이시아, 인도네시아, 베트남 등 중화권 젊은 관광객 중심이다. 아기자기하고 문화 자체도 젊은 홍대 상권은 젊은 외국인 관광객에 힘입어 서교동을 넘어 연남동까지 확장되고 있다.

사실 예전만 해도 우리나라에는 단체 관광객이 많았다. 이들은 주로 서울 외곽의 저렴한 숙박업소에 단체로 묵으면서 셔틀버스를 이용해 서울로 와서 단체로 관광을 즐겼다. 하지만 지금은 단체 관광객에서 개별 여행객(FIT : Free Independent Tourist, 싼커散客라고도 한다)으로 바뀌는 추세이고, 중국 및 중화권 관광객의 70%가량이 개별 여행객이다.

개별 여행의 증가는 젊은 여행객의 증가와 맥을 같이하는데, 젊은 여행객들은 호텔 같은 고가의 숙소보다는 저렴하면서 다양한 나라의 여행자들을 만날 수 있는 '게스트하우스'를 선호한다. 그래서 숙소가 많지 않았던 5년 전만 해도 게스트하우스마다 손님이 가득했다. 사진만 조금 예쁘게 찍어서 온라인에 올리면 손님이 알아서 찾아왔다. 게스트하우스라고 하면 보통 도미토리 형태로 운영되는 호스텔 형태가 주를 이루며, 숙박비도 2만 원 전후로 저렴하다. 하지만 최근 몇 년 사이에 호스텔이나 유스호스텔뿐 아니라 비즈니스호텔과 일반 호텔까지 우후죽순으로 들어서면서 게스트하우스의 입지가 줄어들었고, 숙박업소는 거의 포화 상태에 이르렀다.

우리나라에서 영업 중인 게스트하우스는 2,600여 개인데, 그중 670여 개가 서울에 있고 여기서 다시 450여 개가 마포구 홍대 근처에 집중되어 있다. 이런 상황에서 게스트하우스를 적당히 짓고 적당히 오픈해서는 잘될 리가 없다. 적당히 꾸미고 적당히 경영해서 살아남을 수 있는 시대는 지나갔다. 이제 차별화된 서비스가 필

요하다.

  나는 게스트하우스를 운영하고 있다. 그리고 이런 차별화에 대한 고민으로 만든 게 프리미엄 게스트하우스 '모노하우스'다. 모노하우스의 경쟁 상대는 호텔이다. 지금 무슨 소리를 하는 거냐고? 호스텔도, 모텔도 아니고 호텔이라니. 모노하우스는 여러 면에서 기존 게스트하우스와 차별화된 곳이다. 주 고객층을 젊은 여성으로 잡고 아기자기하고 감성적으로 디자인했다. 내부 인테리어에 사용한 소품 하나하나도 값비싼 고가의 제품은 아니지만 공간 디자인에 어울

리는 것들로 정성 들여 준비했다. 똑같은 소품도 구도가 달라지면 느낌이 완전히 달라진다. 놓이는 위치가 다르고 방마다 구조가 다르니 배치도 달라질 수밖에 없고, 화분 하나를 놓을 때도 공간의 넓이에 따라 서로 다른 것을 준비했다. 그러다 보니 공사 시작 한 달 전부터 인테리어 소품을 준비해야 했다.

사람이 무슨 일을 시작할 때는 과감함도 필요하다. 특히 비용 투자가 필요한 곳에는 통 크게 하고, 아껴야 할 부분에서는 최대한 아껴야 한다. 그래서 나는 모노하우스를 열면서 젊은 여성 여행객들에게 민감한 부분인 청결을 위해 벌레와 해충을 관리할 전문 방역업체를 신중하게 골라 일을 맡겼고, 세탁 또한 전문 세탁업체에 맡겨 깔끔하고 신속하게 처리하고 있다. 세탁비만 80~100만 원을 쓰지만 핵심 고객층의 요구를 충족시키고 게스트하우스의 차별화를 생각하면 충분히 투자할 만한 가치가 있다.

직원도 외국인을 고용했다. 아무리 한국인 직원이 중국어를 잘해도 중국이나 대만 등에서 온 현지인과는 느낌이 다를 수밖에 없다. 아침 8시부터 밤 12시까지 매니저가 상주하면서 리셉션을 지키고 있고, 청소 직원도 정식으로 따로 두어 깔끔한 환경을 만드는 데 공을 들이고 있다. 아르바이트식 청소 직원이 아니라 출퇴근 시간을 정확히 정하여 게스트하우스 내부를 처음부터 끝까지 꼼꼼하게 청소하도록 했다.

한 번 와본 사람이라면 다시 또 오게 되는 곳. 이런 생각으로 홍대

에 모노하우스 1호점을 연 지 3년 만에 계속 성장하여 2호점, 3호점, 4호점까지 오픈했다. 그리고 부산에도 모노하우스를 운영하고 있고 명동에서는 '호텔봉봉 바이 모노하우스'를 운영하고 있다.

　최근 외국인 관광객, 특히 개인 여행자들이 늘어나면서 창업 아이템으로 게스트하우스에 관심을 가지는 사람들이 많다. 하지만 앞서 이야기했듯이 현재 게스트하우스는 포화 상태이고 차별화 전략 없이는 성공할 수 없다. 나는 모노하우스만의 차별화 전략으로 나름 성공적으로 게스트하우스를 안착시켰고 그 노하우를 이 책에 담았다. 게스트하우스 운영의 전반에 대해서뿐만 아니라 모노하우스의 특징과 장점이 게스트하우스 창업에 관심 있는 이들에게 작으나마 도움이 되기를 바란다.

1장
게스트하우스가 뭐지?

도심형 민박, 게스트하우스

　요즘 언론에 게스트하우스에 대한 이야기가 심심찮게 나온다. 그런데 사람들에게 게스트하우스가 뭐냐고 물어보면 제대로 대답하는 사람이 없다. 대부분 도미토리와 비슷한 개념으로 생각하면서 젊은이들이 가볍게 이용할 수 있는 곳으로, 여러 나라에서 온 여행자들이 자유롭고 편안하게 교류하며 숙박하는 곳이라고 말한다. 내부 시설도 기숙사처럼 2층 침대가 있고 샤워장이나 화장실은 당연히 공동 사용일 거라고 생각한다. 게스트하우스를 소규모 호스텔 정도로 생각하는 것이다.

　물론 이런 생각이 틀린 것은 아니다. 게스트하우스 가운데 이런 숙소들이 분명히 존재하니까. 하지만 게스트하우스를 이렇게만 규정짓는 것은 매우 좁은 시각이다.

그러면 게스트하우스는 과연 무엇일까? 사실 게스트하우스는 공식 명칭이 아니다. 공문서인 '관광진흥법'에 따르면 게스트하우스의 공식 명칭은 '외국인 관광 도시 민박업'이다. 공식 명칭에서 알 수 있듯이 게스트하우스의 정체는 바로 민박이다. 민박이라고 하니 바가지, 여름 해수욕장 등을 떠올리는 사람도 있을 것이다. 민박의 사전적 개념을 살펴보면 "민박이란 본래 숙식 제공을 본업으로 하지 않는 민가가 방문객을 숙박시켜 영업 활동을 하는 숙박 시설로서 계절적, 임시적으로 영업하는 민가 부업의 한 형태"라고 되어 있다.

도시에서 외국인을 상대로 하는 민박인 게스트하우스는 여러 가지 필요로 생겨났다. 한류가 아시아권을 휩쓸면서 관광객이 물밀듯이 들어오자, 부족한 숙박 문제를 해결하고 관광객을 유치하기 위해 정부가 내놓은 해결책이 바로 게스트하우스였다. 한 해 1,600만 명 이상의 외국인 관광객이 들어오는데 그중 80~85%가 서울에 집중되다 보니 당연히 숙박업소가 부족할 수밖에 없었고, 객실이 부족하니 일반 가정집의 남는 방을 빌려주자는 거였다. 게스트하우스 같은 숙박업소는 외국에서도 많이 시행되고 있고 해외여행 경험이 많은 한국인들에게도 익숙했기 때문에 짧은 시간 안에 우리나라에 어렵지 않게 뿌리내릴 수 있었다.

잠시 이웃 나라들의 게스트하우스를 살펴보면 우리와 비슷한 경우도 있고 다른 경우도 있다. 일본 같은 경우는 우리와 비슷하면서도 조금 다르다. 보통 2층에 주인이 살면서 1층의 남는 방을 여행객에게 빌려준다. 손님이 오면 집주인이 반겨주고 그날 저녁과 다음 날 아침식사를 직접 준비해주는데 해당 지역의 토산품이나 명물 같은 음식들로 조리해준다. 예를 들면 홋카이도에서는 치즈, 오사카에서는 오코노미야키나 타코야키를 제공하는 식이다. 대만의 게스트하우스는 일본보다는 좀 더 한국과 비슷한 형태이다. 아침식사도 토스트나 우유, 계란 등을 직접 해먹을 수 있게 공용 주방이 준비되어 있다.

그럼, 게스트하우스가 다른 숙박업소와 가장 큰 차이점은 무엇일까? 바로 규모가 작다는 점이다. 도미토리 형태의 다양한 숙박업소인 유스호스텔, 호스텔, 백패커스 등이나 기존 호텔, 모텔 등은 상업지구에 세워지는 비교적 큰 규모의 숙박업소이다. 하지만 게스트하우스는 커봐야 70평이고 그마저도 주인이 거주해야 한다. 그래서 객실 수나 침대 수가 많지 않다. 이 부분은 수익이 제한적일 수밖에 없다는 면에서는 단점이지만 분명히 장점도 있다. 게스트하우스의 특징과 장단점에 대해서는 뒤에서 좀 더 살펴보겠다.

게스트하우스는 주택이다

게스트하우스의 가장 큰 장점은 주택이라는 점이다. 일반 호텔이나 모텔, 호스텔, 비즈니스호텔 같은 숙박업소는 상업 지구에 위치하는 반면 게스트하우스는 주택가에 위치한다. 한국인들의 정서와 생활을 바로 옆에서 느끼고 엿보는 데 게스트하우스만 한 곳이 없다. 그래서 비록 부족한 숙박업소 문제를 해결하기 위해 시작했지만 다른 숙박업소들 사이에서 뚜렷한 특징과 장점을 가지게 되었다.

게스트하우스는 외국인이 한국 여행을 오면 같이 식사도 하고 안내도 받는 등 한국의 문화를 느낄 수 있게 해주는 새로운 개념의 숙박업소로 각광받았다. 특히 홍대 근처는 다가구 주택이 많고 젊은 이들 특유의 독특하고 자유로운 문화 때문에 5년 전부터 큰 인기를 끌었다. 호텔은 한국이나 미국이나 중국이나 비슷한 시스템에 접객 태도나 내외관도 비슷하다. 이는 비즈니스호텔도 마찬가지다. 하지만 게스트하우스는 그렇지 않다. 한국의 가정집들 사이에 있는 숙소에서 잠을 자고 일어나서 한국인들이 살고 있는 주택가의 길을 걸어 나오는 느낌은 호텔에서는 결코 느낄 수 없는 부분이다. 다른 나라의 문화를 체험하는 것은 여행의 가장 큰 즐거움 가운데 하나이다. 그리고 이때 게스트하우스가 주는 여행지의 색다른 맛이 여행에 미치는 영향이 결코 적지 않다.

그렇게 한동안 인기몰이를 하던 게스트하우스는 시간이 가면서 제도적 문제가 하나둘 드러나기 시작했다. 가장 큰 문제는 신고제라는 허점이었다. 게스트하우스 제도가 워낙 다급한 상황에서 쫓기듯이 시작되다 보니 구청에 신고만 하면 누구나 게스트하우스를 할 수 있었다. 따로 허가를 받거나 많이 준비할 필요 없이 그냥 '우리 집에서 게스트하우스를 합니다'라고 신고만 하면 됐다.

이렇게 쉽게 게스트하우스 영업을 시작하다 보니 너도나도 게스트하우스를 하게 되었고, 시작이 쉬운 만큼 끝내기도 쉽다는 문제가 발생했다. 게스트하우스는 여는 데 필요한 매몰 비용도 얼마 들지 않고 신고만 하면 바로 영업을 할 수 있으니 너무 쉽게 시작했고, 운영이 잘 안 되면 부담 없이 폐업했다. 그러다 보니 영국처럼 먼 나라에서 게스트하우스를 예약한 뒤 10시간이 넘게 힘들게 비행기를 타고 왔는데, 황당하게도 예약한 게스트하우스가 문을 닫은 경우를 겪기도 했다. 그야말로 나라 망신이었다. 게다가 숙박업소이니 어느 정도 갖춰야 할 기본적인 것들이 있는데 이런 부분들을 충족시키지 못하는 기준 미달의 게스트하우스가 너무 많았다.

이러한 여러 가지 문제점이 발생하자, 정부 당국은 신고제를 허가제로 바꾸었다. 먼저 구청에 신청을 하면 관광 관련 부서에서 이를 접수한 뒤 현장을 방문하고, 심의를 거쳐 허가를 내주고 지정증을 발급해준다. 그리고 게스트하우스를 운영하려면 다양한 요건을 갖추어야 하며, 구비 물품도 제대로 갖추고 소화기도 비치해야 한다. 소방 교육은 따로 받지 않지만 허가 시에 소방관이 나와서 시설을 점검하고 통과해야 게스트하우스 운영이 가능하다. 게스트하우스는 도시 민박업이라서 구청 관광과에서 관리하는데, 숙박업이 아니라서 공중위생법까지 전부 적용되지는 않는다. 그래서 법적 규제가 좀 더 강화되었지만 숙박업보다는 여전히 접근이 쉬운 편이다.

게스트하우스는 블루오션이다

　게스트하우스가 장점만 있느냐 하면 그것은 아니다. 분명한 단점도 있다. 게스트하우스의 가장 큰 단점은 규모가 제한적이라는 점이다. 아무리 크게 하고 싶어도 70평 이상으로는 만들 수 없고 2층 이상의 건물이라면 각 층이 연결되어 있어야 한다. 가령 30평짜리 3층 건물에 연면적이 90평이라면 게스트하우스로 꾸밀 수 없다. 공동 주택인 경우 다른 세대의 동의가 있어야 하며, 세대 구성원 중에 해당 국가의 언어가 가능한 사람이 있어야 허가가 난다. 그리고 외국인 관광 도시 민박업이라는 이름처럼 원칙적으로 내국인을 손님으로 받을 수 없다.

　게스트하우스는 원래 외국인을 대상으로 영업을 해야 하는데 실제로는 그렇지 않은 곳이 많다. 서울에는 외국인 관광객들이 워낙 많으니 그러한 규제가 있다고 해도 운영을 해나갈 수 있다. 하지만 지방은 외국인 손님만으로 게스트하우스를 운영하는 데 무리가 있다. 지방에서는 '외국인 관광 도시 민박업'이 아니라 민박이나 펜션 등으로 외국인 관광객을 받을 수 있지만 문제는 지방을 찾는 관광객이 별로 없다는 것이다.

예전에 신고제일 때 시작한 게스트하우스 중에는 아직 무허가인 곳도 있는데, 현재 영업하고 있는 전체 게스트하우스 중 약 40%가량이 무허가로 추정된다. 이러한 무허가 게스트하우스를 단속하려고 2015년 마포구청에서 게스트하우스들을 대상으로 세금 추징을 진행한 적이 있었다. 그런데 추징당한 70개 업체는 모두 정당하게 신고하고 세금을 내면서 제대로 도시 민박업을 하는 곳이었는데, 오히려 단속 대상이 되어 세금을 추가로 내는 불합리한 일을 당한 것이다. 말하자면 제대로 매장을 내고 장사하는 액세서리 집은 단속을 하면서 길거리에서 무허가로 리어카나 좌판에 액세서리를 파는 집은 단속을 안 하는 격이었다.

게스트하우스의 또 하나의 단점은 주인이 실제로 거주하면서 방을 빌려줘야 하고, 외국어가 가능한 세대 구성원이 있어야 한다는 점이다. 이러한 문제는 게스트하우스의 취지와 관련 있는 부분이라 감수하고 넘어갈 수밖에 없다. 원래 취지가 민박처럼 거주하면서 방을 판매하고 우리나라 문화를 체험하게 하는 게 목적이었으니 말이다.

숙박업은 객실 수에 따라서 수익이 좌우된다. 방을 하나 더 만들고 덜 만들고의 차이가 1년에 1,000만 원 이상의 수익 차이로 나타난다. 만약 게스트하우스의 방이 1층, 2층 합쳐서 5개인 경우, 방 하나는 주인이 쓰고 나머지 방을 판매해야 하는데 그것만으로는 사실 매출이 크지 않다. 그리고 그러한 이유로 나라에서는 게스트하우스를 영세업종으로 판단하고 있다.

그런데 나는 이러한 한계를 뛰어넘는 방식으로 모노하우스 홍대 1호점의 성공을 이끌었다. 그것은 실내 공사를 통해 내부를 개조하여 방의 수를 늘리는 방식으로 수익을 높인 것이다. 물론 이 부분은 법적으로도 전혀 문제가 없다. 그저 인테리어를 전부 새로 하여 깔끔하고 새롭게 탈바꿈한 것뿐이다.

　기본적으로 숙박업의 논리를 이해하고 있느냐, 아니냐가 이런 차이를 만들어냈다. 즉, 숙박업은 방의 수에 따라 매출 차이가 크다는 것이다. 그래서 1층 주방도 방으로 만들고 거실도 방으로 만들었다. 사실 다른 사람들은 이런 부분까지 생각하지 못하거나 생각해도 쉽게 이행하지 못한다. 왜냐하면 비용이 많이 들기 때문이다. 하지만 나는 그런 부분을 간과하지 않고 과감히 투자했고 이런 방식으로 모노하우스의 성공을 이끌었다.
　그럼, 게스트하우스에 한계가 있을까? 나는 한계나 단점에 대해서는 생각하지 않는다. 게스트하우스는 블루오션이다. 지속적으로 뻗어나갈 수 있다. 단지 게스트하우스가 끝이 아니라 셰어하우스나

레지던스 개념으로 나가야 한다. 그래서 사업을 확장시켜 해외로까지 진출할 생각으로 사업을 진행하고 있다.

　세계를 지구촌이라고 부른 지 오래다. 하나의 촌락, 동네로 여길 정도로 긴밀하게 연결되어 있고 하루면 아무리 먼 나라일지라도 대부분 갈 수 있으며, 국경과 언어를 넘어 활발하게 문화 교류가 이뤄지고 있다. 만약 1년에 며칠 혹은 몇 개월 정도 외국에서 살기로 했다고 하자. 겨울이 너무 추워서, 여름이 너무 더워서, 그저 경치 좋은 곳에서 쉬고 싶어서 등 이유는 다양할 것이다. 하지만 이유가 무엇이 되었든 외국에 집을 사는 것은 좀 애매하다. 몇 년도 아니고 단 며칠, 혹은 몇 개월을 살자고 집을 살 수는 없는 노릇이니까. 혹여 돈이 많아서 그렇게 집을 산다고 해도 1년에 몇 번 가지도 못할 테니 낭비도 그런 낭비가 없을 것이다. 해외 부동산 투자가 아니고서야 말이다.

　이런 상황에서 게스트하우스나 셰어하우스는 좋은 대안이 될 수 있다. 게스트하우스를 구하면서도 와이파이가 잘 터져야 한다거나, 방을 혼자 써야 한다거나, 바다가 보여야 한다는 등 원하는 조건은 다양할 것이다. 하지만 조건에 맞는 방만 찾는다면 그 손님은 다음에 또 방문하게 될 것이다. 나는 그러한 서비스를 나라별로 늘려서 각국에 모노하우스를 만들 계획이다. 우리나라에서만 모노하우스를 하는 게 아니라 해외로 뻗어나가는 게 나의 목표다.

게스트하우스도 호텔처럼

    한국뿐 아니라 외국으로 뻗어나가는 게스트하우스 브랜드를 만들려고 한다면, 어떤 게스트하우스여야 할까? 당연히 좋아야 할 것이다. 좋지 않은 상품을 구매하는 소비자는 없으니까. 그럼, 좋은 게스트하우스란 어떤 곳일까?

    숙박업이 공통적으로 갖춰야 할 기본은 '손님이 불편함 없이 아늑하고 편안하게 쉬다 가는 것'이다. 손님이 아늑하고 편안하게 쉬려면 가장 먼저 침구가 좋아야 하고, 객실 디자인과 소품도 안락함과 휴식을 방해하지 않는 것들로 신경 써서 준비해야 한다. 직원도 외국인으로 고용하여 의사소통에 불편함이 없게 하는 것도 필요하다. 이 부분이 모노하우스가 가장 중점을 둔 부분이며 다른 게스트하우스들과 차별되는 지점이기도 하다.

세세하게 몇 가지 예를 들자면, 이불도 홑이불이 아니라 가정에서 쓰는 이불처럼 고급 솜에 이불보를 씌워서 제공하고 있고 재질도 호텔에서 사용하는 고급 리넨과 면 소재로 기분 좋게 숙면을 취할 수 있게 했다. 베개 솜도 개당 몇만 원씩 하는 것으로 침구류에 투자를 아끼지 않았다. 직원도 외국인을 고용하여 손님들이 편안함을 느낄 수 있게 돕고 있다. 생각해보자. 외국에 여행을 갔는데 그곳 직원이 우리나라 사람이면 어떨까? 다른 것을 다 떠나서 한국어가 통하고 같은 정서와 문화를 공유한다는 사실만으로 마음이 편안해지고 안정감이 들 수밖에 없다.

물론 모노하우스의 모든 직원이 외국인은 아니다. 한국인 직원과 외국인 직원이 적당히 반반씩 섞여 있다. 그래서 한국 문화에 대해 안내하거나 소개하는 부분에도 전혀 막힘이 없다. 외국인 직원들은 주로 워킹홀리데이 비자로 한국에 입국한 젊은이들 위주로 채용한다. 직원들 중에는 처음에 워킹홀리데이 비자로 왔다가 지금은 정직원이 되어 취업 비자로 일하는 경우도 있다. 한국이 좋아서 온 직원들과 한국이 좋아서 온 손님들 사이에 공감대가 형성되다 보니 직원들도 즐겁게 일하고 손님들도 만족도가 매우 높다. 이런 이유 때문에 다음 여행 때 다시 찾아오거나 친구들에게 소개해주는 선순환이 일어나고 있다.

모노하우스의 주 고객층은 20~30대 여성이다. 애초에 타깃을 그렇게 설정했고 공략 효과가 제대로 먹혀서 손님의 70% 이상이 여성 손님이다. 그리고 모노하우스의 직원 역시 한국과 외국의 젊은 이들로 나이대가 비슷하다 보니 손님들과 금방 친해진다.

모노하우스만의 특별한 점을 세 가지로 요약하면 다음과 같다.

첫째, 호텔식 서비스를 제공한다.
둘째, 손님과 직원 간에 언어와 문화가 통한다.
셋째, 손님의 요구에 최대한 성심성의껏 대한다.

이 세 가지는 다른 게스트하우스는 물론이고 호텔에서도 쉽게 따라할 수 없는 부분이다.

이해하기 쉬운 예를 하나 들면 '치맥'이다. 드라마 〈별에서 온 그대〉가 휩쓸면서 전지현과 더불어 치맥도 덩달아 떴다. 중국에서는 한국식 치킨을 먹으려고 3시간씩 줄을 섰다고도 한다. 그런데 외국 손님이 여행을 와서 막상 치킨을 주문하려고 하면 어디에 주문을 해야 하고, 가격은 얼마나 되며, 얼마나 기다려야 하는지 전혀 모른다. 그렇다고 무작정 나가서 아무 곳에서나 먹자니 그것도 내키지 않는다. 결국 어떻게 해야 할지 모르는 상황이 된다. 이럴 때 모노하우스 직원에게 치킨 주문을 부탁하면 흔쾌히 도와준다. 맛있는 치킨집에 전화해서 대신 주문하고 기다리는 시간도 안내하기 때문에 손님들은 전혀 불편함 없이 치맥을 즐길 수 있다.

모노하우스의 주 고객층인 20~30대 여성들은 사진이나 셀카 찍는 것을 좋아하고 이를 바로 페이스북이나 인스타그램에 올리고 싶어 한다. 모노하우스에는 이런 여성 손님들을 위해 사진이 잘 나오는 포토존이 몇 군데 있다. 물론 포토존을 따로 만든 것은 아니고 다만 어디에서 사진을 찍으면 잘 나오는지를 미리 알려주는 것이다. 그래서 모노하우스를 찾는 여성 손님들 가운데 그런 포인트들을 돌며 셀카를 찍는 경우가 많고, 손님들의 이런 행동은 모노하우스를 외국인들에게 알리는 좋은 마케팅 도구가 되고 있다.

모노하우스에서는 침구뿐만 아니라 침대 역시 재질에 신경을 써서 골랐고, 이를 위생적으로 관리하기 위해 직접 세탁하지 않고 전문 세탁업소에 맡긴다. 소모품이 다 떨어지거나 고장 난 곳이 생기면 즉시 처리하며, 이불이 해지거나 구멍 난 곳이 있으면 바로바로 교체한다. '조금 낡아 보여도 아직은 쓸 만하네'라는 생각은 절대 하지 않는다. 다른 게스트하우스에서는 경비를 아끼려고 이런 부분을 소홀히 하기 쉬운데, 작은 듯 보이는 이런 부분이 고객 접대의 기본이기 때문에 철저하고 신속하게 처리한다. 팀장급부터 청소 직원들까지 교육시켜서 어느 한 곳에서도 지연되거나 문제가 생기지 않도록 시스템을 구성하고 있다.

숙박업소는 그날 방이 팔리지 않으면 재고로 남는 것이 아니라 그대로 사라진다. 그날 방을 팔아야 수익이 발생한다. 모노하우스에서는 이러한 모든 시스템과 준비를 통해 호텔 수준의 퀄리티를 유지하려 노력하고 있다.

게스트하우스의 법적 기준

게스트하우스에 대한 기준은 법적으로 명확하게 고시되어 있다. 서울시에서 시행하고 있는 '외국인 관광 도시 민박업' 지정 기준을 살펴보면 아래와 같다.

외국인 관광 도시 민박업

「국토의 계획 및 이용에 관한 법률」제6조제1호에 따른 도시 지역(「농어촌정비법」에 따른 농어촌 지역 및 준농어촌 지역은 제외한다. 이하 이 조에서 같다)의 주민이 자신이 거주하고 있는 다음의 어느 하나에 해당하는 주택을 이용하여 외국인 관광객에게 한국의 가정 문화를 체험할 수 있도록 적합한 시설을 갖추고 숙식 등을 제공(도시 지역에서 「도시 재생 활성화 및 지원에 관한 특별법」제2조 제6호에 따른 도시 재생 활성화 계획에 따라 같은 조 제9호에 따른 마을 기업이 외국인 관광객에게 우선하여 숙식 등을 제공하면서, 외국인 관광객의 이용에 지장을 주지 아니하는 범위에서 해당 지역을 방문하는 내국인 관광객에게 그 지역의 특성화된 문화를 체험할 수 있도록 숙식 등을 제공하는 것을 포함한다)하는 업

1) 「건축법 시행령」 별표 1 제1호가목 또는 다목에 따른 단독 주택 또는 다가구 주택

2) 「건축법 시행령」 별표 1 제2호가목, 나목 또는 다목에 따른 아파트, 연립 주택 또는 다세대 주택

이렇게 법령을 통해 살펴보니 조금 복잡해 보이는 것이 사실이다. 풀어서 이야기하면 다음과 같다.

1. 도시 민박 운영 희망 주택이 국토의 계획 및 이용에 관한 법률에 의한 도시 지역에 위치해야 한다. 농어촌이나 준농어촌 지역의 경우 이미 민박업의 형태에 들어간다.
2. 건물의 연면적이 230m^2(70평 정도) 미만이어야 한다. 이것은 대지 면적이 아니라 건물 면적을 이야기한다. 예를 들어서 건물의 연면적이 80평가량 된다면 게스트하우스로 사용할 수 없다. 면적은 사업자가 실제 거주하는 방을 포함하며, 해당 거주지를 분리하여 일정 면적만을 대상으로 사업할 수 없다. 신청 가능 건축물은 해당 주택이 건축법에 따른 단독 주택, 다가구 주택, 아파트, 연립 주택 또는 다세대 주택 중 하나에 해당해야 한다. 공동 주택의 경우 공동 주택 관리 규약에 위반되는 사항이 없어야 한다. 업무용 시설이나 근린 생활 시설 등은 게스트하우스가 될 수 없다. 오피스텔이나 원룸, 고시원 등은 등록할 수 없다는 말이다.

3. 외국어 서비스가 가능한 체계를 갖추고 있어야 한다. 운영자 또는 함께 거주하는 세대원(가족 또는 동거인) 중 외국인 관광객에 대한 안내가 가능한 사람이 있어야 가능하다.

4. 외국인에게 한국 가정 문화를 체험하게 하기 위한 위생 상태를 갖추고 있어야 한다. 이 부분은 숙박업이므로 당연한 사항이다.

5. 해당 주택이 건축물 대장상 위반 건축물로 표시되지 아니한 상태여야 하며, 전부 또는 일부가 훼손되거나 멸실(외관상) 되어 붕괴 그 밖의 안전사고 우려가 있는 건물이 아니어야 한다.

6. 안전시설로는 소방 시설 설치 유지 및 안전 관리에 관한 법률에 따라 안전시설을 갖추고 있어야 한다. 소화기를 1개 이상 구비하고, 객실마다 단독 경보형 감지기를 설치해야 한다.

7. 관광진흥법 제7조에 해당하는 결격 사유가 없어야 한다. 파산 상태이거나 금치산자, 한정치산자, 징역 이상의 실형을 선고받고 집행유예 상태이거나 집행이 끝난 후 2년이 지나지 않은 경우 결격 사유에 해당한다.

8. 공동 주택 관리 규약에 위반되는 사항이 없어야 한다. 공동 주택 관리 규약은 입주자와 사용자를 보호하고 주거 생활의 질서를 유지하기 위해 제정된 관리 규약이다.

위 법령들을 한마디로 정리해서 말하면 게스트하우스란 문화와 숙박이 함께 어우러진 이국 안의 작은 휴식 공간이라고 할 수 있다.

2장
게스트하우스 창업을 준비하자

어디에 오픈할까

　인터넷 판매업이 아닌 이상 어떤 사업을 하든지 입지 선정은 사업 성공의 가장 중요한 요소이다. 숙박업에서 입지 선정은 다른 업종에 비해 특히 더 중요하며, 당연히 게스트하우스의 핵심 성공 요인도 첫째도 위치, 둘째도 위치, 셋째도 위치다. 타깃 고객을 선정한 후 이에 맞는 위치를 정해 게스트하우스를 열어야 한다. 외국인을 대상으로 운영하는 게스트하우스를 우리나라 국민조차 잘 모르는 섬에 연다거나 관광 인프라가 거의 없는 지방에 열면 어떻게 되겠는가? 첫 단추부터 잘못 끼운 셈이니 아무리 열심히 해봐야 허공에 삽질하듯 답이 없다.

　앞에서도 이야기했듯이 우리나라를 찾은 1,600만 명의 관광객 가운데 80~85%가량이 서울을 찾는데 서울에서도 명동, 종로, 동대문, 남대문, 남산, 홍대 정도로 제한된 지역에 머물며 관광을 즐긴다. 이런 상황에서 위 지역들과 전혀 관계없는 금천구나 강서구 쪽에 게스트하우스를 오픈한다고 생각해보자. 한 달 수익을 얼마나 낼 수 있을까? 사실 나는 그보다는 얼마나 버틸 수 있을지가 더 궁금하다. 극단의 대책을 강구하지 않는다면, 혹은 묻지도 따지지도 않고 무조건 찾아갈 만한 가치가 있지 않다면 그 게스트하우스는 오픈과 동시에 문을 닫아야 할 것이다.

단지 서울에 집이 있다는 이유만으로 게스트하우스를 하려고 마음먹는다면 위험천만한 생각이다. 설령 게스트하우스를 하더라도 매우 높은 확률로 접게 되거나, 남들보다 두 배, 세 배로 노력해서 딱 남들만큼만 버는 웃지 못할 상황이 발생하게 될 것이다.

2년 전에 일산 킨텍스에서 프랜차이즈 창업 박람회에 참가하여 부스를 연 적이 있다. 게스트하우스가 최근 몇 년간 뜨거운 감자였던지라 창업하려는 분들의 관심과 열기가 뜨거웠다. 하지만 나는 상담을 하면서 내담자 대부분을 그대로 돌려보내야 했다. 왜 그랬을까? 대부분 일산에 집을 가진 사람들이었기 때문이다. 일산은 여행과 관련된 관광 인프라가 별로 없기 때문에 일산에서 게스트하우스를 운영하기는 어렵다. 열에 여덟은 안 된다. 아무리 운영을 잘해도 처음부터 안 되는 곳에서는 안 된다. 그리고 잘되는 곳을 두고 굳이 안 되는 곳에서 시작할 이유가 없다.

서울의 잠실도 입지가 좋지 않다. 롯데월드 말고는 뚜렷한 장점을 찾을 수 없고, 지하철이든 버스든 교통수단을 통해 다른 관광지로 이동하려 해도 접근성이 좋지 않기 때문이다. 객실료 차이도 없으면서 더 좋은 곳이 얼마든지 있기 때문에 굳이 잠실에 짐을 풀 이유가 없다. 상암도 비슷한 이유로 좋지 않다.

서울에서 게스트하우스를 고려할 만한 곳은 외국인 관광객이 많이 오는 지역인 명동, 동대문, 종로, 인사동, 남대문, 홍대, 신촌 등이다. 강남권은 주로 비즈니스 관련 손님들인데 대부분 호텔이나 비즈니스호텔에 머문다. 그리고 호텔들이 워낙 서울 여기저기에 우후죽순으로 지어지면서 과열 경쟁 중이라 강남권에서 게스트하우스를 운영하기는 쉽지 않다. 명동에도 객실을 몇백 개씩 보유한 호텔이 계속 들어서고 있다. 이런 경향은 게스트하우스도 마찬가지기는 하다.

나는 홍대로 넘어오기 전에 동대문 쪽에서 숙박업소를 8개까지 운영했고, 그 과정에서 확신을 얻었다. 당시에는 여인숙을 리뉴얼한 후 호텔처럼 꾸며서 손님을 받았다. 객실 수가 10~20개 미만의 소형 여인숙 위주로 리뉴얼했는데 이런 여인숙들은 중국 상인들이 잠깐 쉬다 가는 곳이었다. 낮에 입국해서 잠깐 쉬다가 밤에 도매 시장에 나가야 하는 중국 보따리 상인들이 주로 이용했고, 시설은 노후하고 객단가는 잠깐 쉬는 데 1~2만 원에서 비싸 봐야 4만 원 미만이었다. 말하자면 귀신이 나올 것 같은 쓰러져가는 여인숙들이었다.

그런 여인숙들을 새로 단장한 후에 2배 가격으로 판매했다. 객실

료는 2인실 기준으로 9만 원 정도였다. 기존 여인숙과 차별화하려고 고급 침구를 쓰고 인테리어 디자인에도 투자를 했다. 이 전략은 적중했고 동대문에서 숙박업소를 8개까지 늘렸다. 그때는 동업이었는데 가능성을 발견하고 독립한 후 홍대에서 게스트하우스인 모노하우스를 시작했다.

　모노하우스 1호점을 낼 때만 해도 홍대가 죽어가는 상권이라서 아무도 들어오려 하지 않았다. 하지만 나는 홍대에 들어와서 장소를 선정하고 계약한 후 건물을 전체적으로 재단장하면서 리뉴얼 공사를 했다. 모노하우스 1호점 바로 앞에도 다른 게스트하우스가 있었는데 공사하던 당시에 그쪽 사장님이 나를 이상한 눈으로 쳐다보곤 했다. 왜냐하면 공사비가 거의 2억 정도 들어갔기 때문이다. 대지 40평에 방 개수가 9개이니 한 방당 2,000만 원이 넘는 금액을 투자한 꼴이었다. 그분이 보시기에는 이렇게 많이 투자하지 않아도 문제없이 게스트하우스를 운영하는데, 더 좋은 자재 쓰고 인테리어에 신경 쓰고 더 좋은 침구를 쓰는 모습이 이상했던 것이다. 하지만 이러한 전략 역시 성공적으로 먹혔고, 이제 모노하우스 5호점까지 개점했다. 그리고 나를 이상하게 보던 맞은편 게스트하우스 사장님은 모노하우스와 함께하고 싶다고 러브콜을 보내고 있다.

손님을 부르는 곳을 찾아라

인터넷으로 통신 판매업을 하는 경우 사업장을 어디에 내도 무관하다. 굳이 땅값이 비싼 서울이 아니라 시골에서 사업장을 내도 홈페이지나 소셜마켓을 통해 소비자들이 유입되고 상품은 택배로 발송하면 되어서 문제될 게 전혀 없다. 하지만 일반적인 판매업은 상권과 입지의 구애를 많이 받기 때문에 상권 분석과 입지 선정만 잘해도 반은 먹고 들어간다고들 한다. 그리고 식당이나 상품을 판매하는 판매점은 어느 정도 차별화되고 경쟁력만 확보하면 도시 외곽에 자리 잡아도 손님들이 알아서 승용차를 타고 와서 식사하거나 상품을 구입한다.

그런데 숙박업은 여행객을 상대로 하기 때문에 다른 업종보다 입지가 더욱 중요하다. 중국 여행객들이 승용차를 가지고 오거나 차량을 렌트하기를 바라는 것은 무리일 테니까 말이다. 그러니 게스트하우스를 운영하고 싶다면 입지 선정과 관련된 타당성을 분석하는 데 모든 노력을 아끼지 말아야 한다.

아래는 모노하우스를 준비하면서 세운 타당성 분석 기준이다.

📍 입지 선정 기준

1. 지하철에서 걸어서 5분 내외 거리
2. 리무진 버스 정류장에서 5분 내외 거리
3. 시티투어 버스 정류장에서 5분 내외 거리
4. 대로변에서 안으로 한 블록 정도 안쪽

게스트하우스는 외국인을 상대로 영업하는 곳이다. 외국인 관광객들은 내국인보다 주변 지리에 밝지 않다. 더구나 말도 제대로 통하지 않기 때문에 길이 복잡하거나 지하철역이나 버스 정류장에서 멀리 떨어져 있으면 찾아오기가 어렵다. 그리고 관광객들은 짐이 많은데 커다란 캐리어 가방은 기본에 배낭을 메고 오거나 캐리어 가방을 2개씩 끌고 오기도 한다. 그런 상태에서 지도 하나에 의지한 채 먼 길을 걸어온다면, 아마 게스트하우스에 도착하기도 전에 지칠 테고 십중팔구 좋지 않은 기억으로 남을 것이다.

그러니 게스트하우스가 지하철역이나 리무진 버스 정류장과 가까운 것은 큰 장점이 된다. 시티투어 버스 정류장과 가까우면 버스로 서울 시내 관광을 하기에도 좋아 이 부분도 함께 고려하면 좋다.

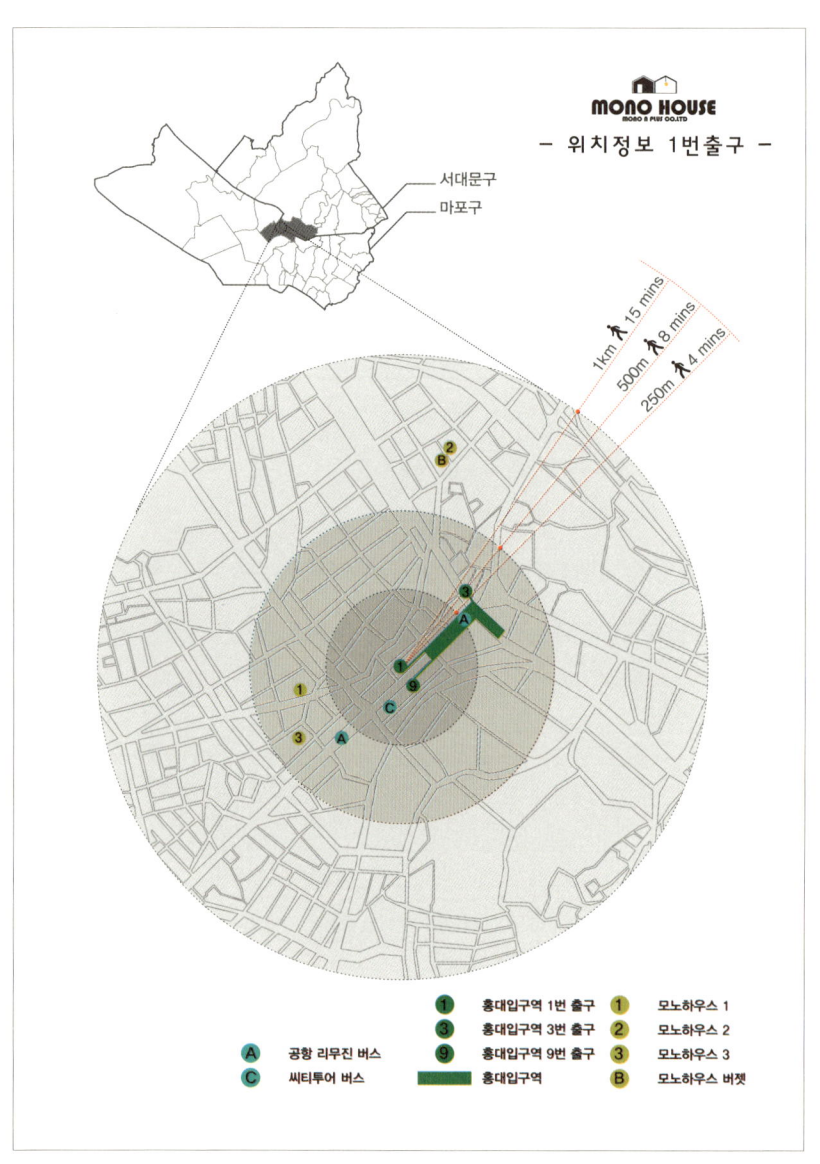

〈그림 1〉 2호선 홍대입구역 1번 출구 위치 정보

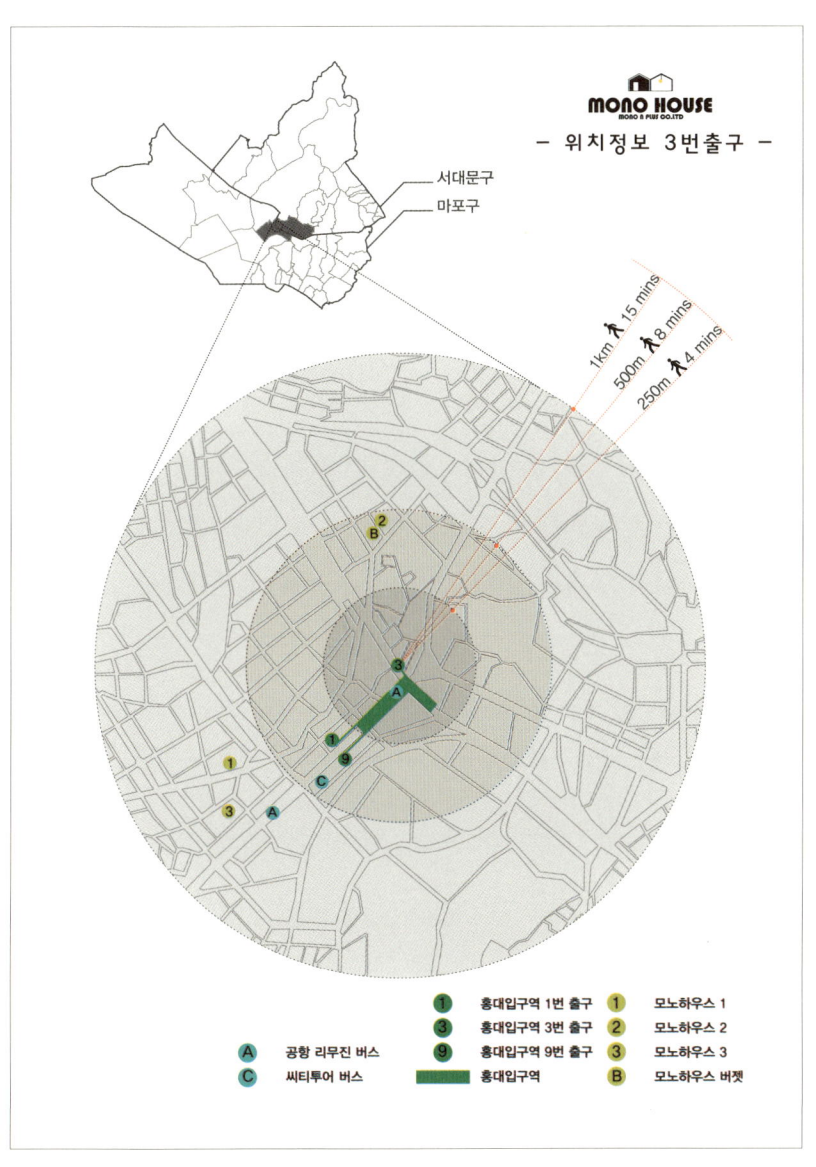

〈그림 2〉 2호선 홍대입구역 3번 출구 위치 정보

대로변에서 한 블록 안쪽에 위치한 곳을 선정하는 이유는 임대료가 싸기 때문이다. 대로변은 찾기도 쉽고 접근성도 좋다. 하지만 그만큼 임대료가 비싸므로 대로변에서 조금 들어와 있는 집을 임대하면 임대료와 접근성이라는 두 마리 토끼를 잡을 수 있다.

그리고 가장 중요한 것은 직접 가보는 것이다. 부동산에 맡기지 말고 직접 가서 입지 조건을 확인해야 한다. 지하철역이나 버스 정류장에서 얼마나 떨어져 있는지, 주변 환경은 어떤지, 번화가나 상권에 접근성은 얼마나 좋은지 등을 꼼꼼하게 살펴봐야 한다.

그럼, 이제 입지를 봤으니 건물을 볼 차례다. 건물이 어떤 상태인지 확인해야 임대료를 조율하고 절충할 수 있다. 물론 건물주가 제시하는 금액이 있을 것이다. 하지만 수익을 계산해봐서 그 금액에 도저히 맞출 수 없을 때는 과감하게 포기하고 다른 건물을 찾는 게 좋다.

아래는 건물 선정 기준이다.

📍 건물 선정 기준

1. 방을 몇 개나 만들 수 있는가
2. 방을 얼마에 판매할 수 있는가

숙박업에서 객실 수의 차이는 바로 수익의 차이와 직결된다. 그래서 방은 많으면 많을수록 좋다. 지출은 어느 정도 예상이 가능하기 때문에 방 개수와 예상 수입을 계산하면 예상 지출이 나온다. 그러면 예상 수입에서 임대료가 얼마나 차지하는지 계산해봐야 한다. 임대료가 전체 수입의 40~50%까지 차지하면 수익을 낼 수 없다고 판단해야 한다.

모노하우스는 조금씩 차이는 있지만 수입에서 임대료 지출의 비율이 15~20% 정도이다. 이 정도면 매우 바람직한 상황이다. 근처에 있는 한 게스트하우스는 방이 8개로 월 매출이 모노하우스의 반 정도인데, 임대료로 월 420만을 지출한다고 한다. 모노하우스 1호점은 방이 9개인데 임대료가 월 350만 원이고, 2호점은 방 9개에 임대료가 월 400만 원이다. 전체 매출에서 임대료 비율이 낮은 편이다.

게스트하우스를 열고 충분히 돈을 벌지 못하면, 고생은 고생대로 하고 건물주에게 좋은 일만 하게 되는 꼴이다. 부동산에서는 건물주에게 임대료를 많이 받게 해주겠다고 하고, 입주자에게는 금액을 조절해주겠다고 한다. 그래서 보통 부동산에서 임대료와 보증금을 조율하는데 나는 역으로 부동산에 이 정도 임대료면 하겠다고 먼저 제안한다. 그러고 나서 건물주가 거기에 수긍을 하면 만나고 아니면 일찌감치 마음을 접고 다른 곳을 알아본다.

처음 하는 사람들은 이런 부분에서 실수하기 쉽다. 입지만을 최우선으로 보다가 다른 여러 조건을 따져서 수지타산을 맞추어볼 생각은 안 하고 무조건 임대하는 것이다. 하지만 게스트하우스를 통해 수익을 내려면 그 건물에서 벌어들일 수 있는 예상 수익을 고려해 보고, 아니다 싶으면 미련을 버리고 과감히 다른 곳을 찾는 결단도 필요하다.

마지막으로 지역 선정 기준을 보겠다. 이 부분은 앞에서도 이야기 했으니 간단하게 하고 넘어가면, 가장 먼저 고려해야 할 도시는 서울이고 그다음으로 제주도가 괜찮다. 모노하우스도 추후 제주도에 진출할 계획이 있다. 단독 주택을 빌려서 시작할 생각인데 아직은 이런저런 이유로 미뤄지고 있다. 한국인들이 많이 가는 경주나 전주, 부산 같은 곳은 외국인 손님이 많지 않고 먼저 자리 잡은 호텔도 많다. 그래서 모노하우스 부산은 차별화 전략을 세워 시장 공략에 들어갔다. 단독 주택을 빌려서 고급스럽게 꾸민 다음 단체 손님 위주로 대여하고 있는데, 나름대로 전략이 적중해서 수익률이 나쁘지 않다.

부산이나 제주도 같은 지방은 외국인 관광 도시 민박업이 아니라 농어촌 민박업이나 펜션(별장식 민박)으로 허가를 내서 국내 관광객도 손님으로 받을 수 있다. 지방에서는 펜션과 게스트하우스 개념이 모호하고 혼재된 느낌이며, 게스트하우스라고 간판을 걸고 영업하면서 내국인 손님을 받아도 아무런 문제가 되지 않는다. 하지만 서울에서는 민박업으로 신고하기도 어렵고 펜션으로 신고하기에는 만족시켜야 할 조건들이 있어서 모두 충족시키기가 쉽지 않다.

디자인이 생명이다

21세기는 디자인의 시대다. 보기 좋은 떡이 먹기도 좋다. 같은 성능의 제품이라면 더 멋지게 디자인된 제품이 몇 배 이상 팔리고 성능이 떨어져도 디자인이 예쁘면 훨씬 더 많이 판매된다. 더 실용적이고 효율적이라는 것만으로는 소비자들에게 어필할 수 없고 이는 숙박업소 역시 마찬가지다.

한때는 게스트하우스에 별다른 공사가 필요하지 않던 시절이 있었다. 2010년부터 약 3년간은 굳이 인테리어 공사를 하지 않아도 손님이 넘쳐났다. 그리고 일반 가정집에서 외국인 손님의 숙박을 받는 거라서 굳이 인테리어가 필요할까라는 의문을 품는 사람들도 많았다.

하지만 생각해보자. 이제는 숙박업소가 부족하지 않다. 외국인 관

광객이 게스트하우스를 선택하게 되었고, 당연히 같은 가격이면 깨끗하고 보기 좋은 곳에 갈 수밖에 없다. 게다가 1년에 몇 번 없는 해외여행인데 까다롭고 꼼꼼하게 고를 게 당연하지 않은가. 물론 그렇다고 해서 건물 내외장을 전부 뜯어고치라는 이야기는 아니다. 내 집이 아닌 이상 그러기도 어렵고 잘못하면 투자 비용도 못 건지고 나가떨어질 수 있다. 그러자면 수익을 예상하고 그에 맞춰 인테리어에 투자하는 것이 좋은데 이에 대한 균형을 잡는 게 사실 쉽지 않다.

 일반적으로는 기존의 집에 약간의 리모델링을 거쳐서 게스트하우스를 시작하는 경우가 많고, 일부는 내외장 공사 없이 매트리스와 이불 정도만 바꾼 후에 영업을 하는 경우도 있다. 하지만 타깃 고

객에 맞추어 디자인을 하는 것은 꼭 필요한 작업이다. 게스트하우스 이름, 로고, 객실 타입, 입구 위치, 내부 공용 공간, 외부 공용 공간, 실내 벽등, 건물 외부에 이르기까지 세심하게 디자인하는 것이 좋다.

그렇다고 해서 완전히 정형화된 느낌으로 꾸미는 것도 좋지는 않다. 외국인 관광객들이 방문하여 집처럼 편안하고 아늑하게 느끼게 하는 게 가장 중요하다. 이를 위해 객실 내부 인테리어에도 주의를 기울여 소품이나 액자를 선정하는 것이 좋고 디퓨저 역시 신경 써서 준비해야 한다.

 모노하우스 초반에는 좋은 향이라고 추천받은 디퓨저를 객실에 비치해두었는데 반응이 생각 외로 좋지 않았다. 그래서 담당 디자이너를 통해 직접 구매한 뒤 조향한 천연 디퓨저를 객실마다 비치했더니 고객들의 호응이 좋았다. 디퓨저에 대한 판매 문의도 많아서 판매도 준비 중이다. 호텔처럼 고급스럽지만 정형화되지 않은 편안하고 자연스러운 인테리어, 손님을 편안하게 만들어주는 특별한 디퓨저, 깔끔하고 폭신하며 부드러운 감촉의 침구들……. 이 모든 것이 모여서 모노하우스를 특별한 게스트하우스로 만들어준다.
 모노하우스는 디자인에 신경을 많이 쓰는 편이지만 그렇다고 해서 과다한 비용을 들이지는 않는다. 최소 비용으로 최대의 효과가

날 수 있도록 리모델링 작업을 하고 인테리어 소품이나 침구류 역시 도매 시장을 이용하여 합리적인 가격으로 꾸미고 있다. 이러한 고민과 노력이 모노하우스가 비교적 짧은 시간에 홍대, 명동, 부산에 확실히 자리 잡게 된 계기다.

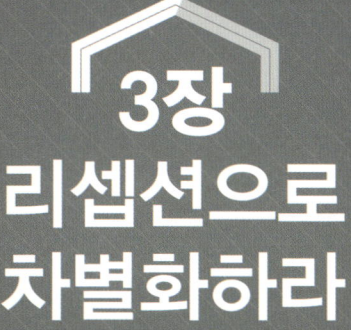

3장
리셉션으로 차별화하라

모노하우스 운영 시스템

　리셉션 운영에 대해 이야기하기 전에 우선 모노하우스의 운영 시스템에 대해 간단히 설명해야겠다. 어느 정도 사전지식이 있으면 이야기를 따라가기 쉽기 때문이다. 노파심에서 하나 더 이야기하면 리셉션은 호텔의 프론트와 같은 뜻이라고 보면 된다.

　모노하우스는 경영과 총괄을 담당하는 대표이사 밑으로 세 명의 팀장이 있다. 각각 예약 인사 팀장, 시설 관리 팀장, 웹사이트 팀장으로, 여기에서 웹 팀장의 경우 '모노앤플러스'라고 별도로 분리된 회사의 팀장으로 올라 있다. 모노앤플러스는 운영 전문 회사로 모노하우스 운영 전반을 관리하고 인재 파견까지 담당한다. 그래서 예약 인사 팀장과 시설 관리 팀장도 모노앤플러스를 통해 파견 나가서 일하는 것으로 처리하고 있으니, 정확히 말하면 세 명의 팀장

모두 모노앤플러스의 파견 직원이다. 그리고 각 팀장 밑으로 리셉션 매니저들과 청소 직원, 아르바이트생들이 배치되어 있다.

전체적으로는 대표이사인 내가 지시를 하면 팀장을 통해 직원들에게 오더가 내려가는 방식을 따르고 있다. 하지만 일반 회사들처럼 위에서 아래로만 소통하는 딱딱한 명령 체계를 유지하지는 않는다. 새로 도입하려는 정책이나 제도가 있으면 우선 팀장들과 미팅을 한다. 그리고 서로 의견을 나누어서 보완할 부분이 있거나 빼야 할 부분이 있으면 빼고, 그대로 시행해도 괜찮겠다고 동의하면 각 팀장을 통해 시행한다. 그렇게 한 달 정도 경과를 지켜본 후에 문제가 있는 부분은 바로 조정한다. 조직이 크지 않다 보니 바로바로 실행하기가 쉽다.

나는 무언가 생각나는 것이 있으면 생각만 하지 말고 실행하자는 주의다. 처음에 모노하우스를 홍대 근처에 연 것도 앞으로 홍대가 발전 가능성이 크다는 생각에서였다. 건물주와 미팅을 하고 임대료를 조절하고 공사는 어느 부분까지 건물주가 하고 어디부터 내가 할지 정한 후에 공사를 시작해서 2달 후에 오픈했다. 처음에는 기업 이미지 통합(CI : Corporate Identity), 브랜드 이미지 통합(BI : brand identity) 같은 부분도 준비하느라 시간이 걸리기도 했고, 내부 디자인을 세심하게 하느라 소품도 맞춰서 넣었다가 마음에 안 들면 다 걷어내고 다시 디스플레이하는 식의 작업을 몇 번에 걸쳐서 진행했다. 그 과정에서 모노하우스라는 이름도 만들어지고 지금에 이르게 되었다.

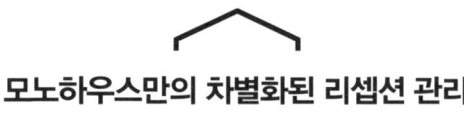

모노하우스만의 차별화된 리셉션 관리

리셉션은 아침 8시부터 밤 12시까지 16시간 동안 운영한다. 아침 8시부터 오후 4시까지는 주간 근무자가 일하고 오후 4시부터 밤 12시까지는 야간 근무자가 근무하며, 밤 12시부터 아침 8시까지는 오프라서 리셉션에 직원이 없다.

직원 오프에 대해서는 손님들이 불편하지 않도록 미리 공지를 하고 급한 일이 있을 때를 대비해서 안내판에 연락처와 라인 아이디를 남겨둔다. 중화권에서는 라인 메신저를 많이 사용하는데, 특히 대만에서는 메신저 사용 인구의 95%가량이 라인을 사용한다. 그래서 중화권 손님과 연락할 때는 매우 유용하다. 대만 관광객 중에는 라인 프랜즈 스토어에서 인형이나 액세서리를 구입하는 사람도 많다.

또한 모노하우스는 손님의 안전도 지키고 예기치 않은 분쟁을 해

결하기 위해 CCTV를 설치했다. CCTV가 제대로 설치된 게스트하우스는 많지 않은 현실에서 이는 모노하우스만의 차별점이자 장점이다. 구색 맞추기로 두어 개 설치한 게 아니라 객실을 제외하고 건물 외부부터 내부까지 모두 설치해 아무 때나 확인이 가능하다. 리셉션, 복도, 정원 등 가능한 모든 곳에 설치되어 있고 24시간 녹화 중이다. 사생활 침해 등 CCTV에 대한 반대 의견들도 있지만 게스

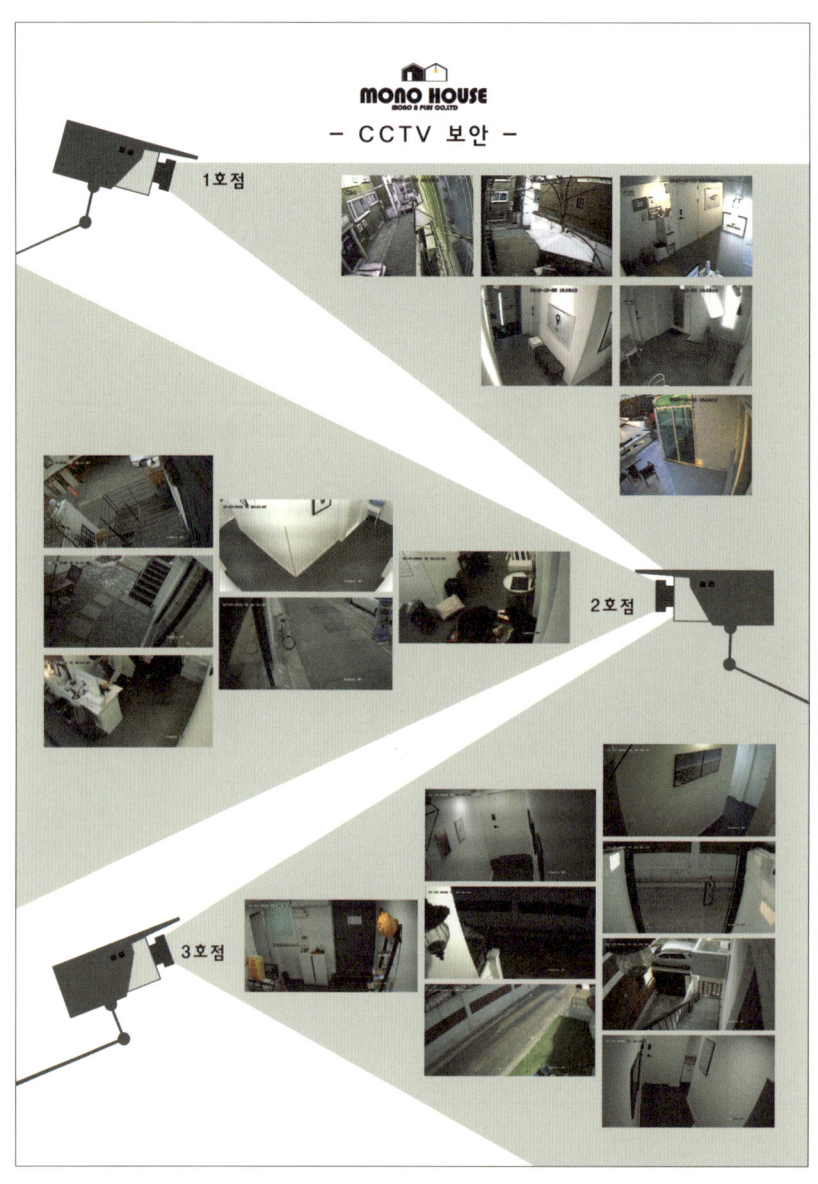

〈그림 3〉 모노하우스 CCTV 설치 현황

트하우스 같은 숙박업소에서는 많은 사람이 오가며 숙식을 하기 때문에 안전과 문제 해결을 위해 반드시 필요하다. 한번은 복도에 보관해둔 손님의 짐이 없어진 적이 있었는데 CCTV를 확인하여 원인을 찾고 적절하게 대처할 수 있었다.

그리고 객실은 열쇠가 아니라 디지털 도어락을 설치했다. 열쇠 분실의 우려도 없고 24시간 아무 때나 자유롭게 출입할 수 있으며, 안전 면에서도 열쇠보다 우수한 편이다. 객실의 도어락 비밀번호는 손님이 들어갈 때마다 원하시는 비밀번호로 설정해주고, 열쇠는 따로 주지 않고 번호로만 운영한다. 괜히 열쇠를 받았다가 잃어버리면 서로 불편하니 사전에 차단하기 위해서다.

청소는 프로페셔널하게

모노하우스에는 정식 청소 직원이 따로 있다. 오전 10시부터 오후 4시까지 청소를 하며 침구부터 실내외 청소까지 전부 담당한다. 청소 직원은 내부 직원 스태프로 하나부터 열까지 모두 교육시킨 다음에 청소를 맡긴다. 일반 게스트하우스는 리셉션 직원이 청소까지 하는 경우가 많은데 청소만 신경 써서 관리하는 직원이 아니기 때문에 전문성이 떨어진다. 그리고 손님 접객을 하고 와서 청소를 하다가 전화가 오면 또 전화를 받아야 하고, 그다음에 다시 청소를 하는 식으로는 청소에 집중할 수가 없고 구석구석 꼼꼼하게 청소하기도 힘들다. 자기 집을 청소한다는 생각으로 청소를 하다 보면 자주 청소하는 곳과 안 하는 곳도 생길 수 있고 걸레질할 때도 구석구석 모서리가 제대로 안 닦이는 일도 있다.

모노하우스에서도 처음부터 청소 전문 직원을 둔 것은 아니었다. 처음에는 아르바이트생을 써서 청소를 시켰는데 청소가 빨리 끝나면 1시나 2시에 퇴근시키기도 했다. 그러다 보니 관리가 제대로 안 되고 지저분한 부분이 조금씩 보여서 돈을 조금 더 주더라도 시간을 꽉 채워서 청소를 좀 더 꼼꼼하게 시키기 시작했다. 그리고 청소가 많은 날도 있고 적은 날도 있는데, 청소가 적은 날에는 평소에 소홀하기 쉬운 구석구석을 좀 더 꼼꼼하게 청소하도록 했다. 일이 많은 날에는 하고 싶어도 할 수 없는 상황이 있으니 적은 날에 그러한 부분을 꼭 다시 한번 청소하도록 했다.

아르바이트를 쓰면 다른 문제도 있었다. 리셉션 근무자들이 청소가 빨리 끝나면 아르바이트하는 학생을 바로 퇴근시키는 것이었다. 그러다 보니 청소가 많은 날은 늦게까지 청소를 해서 급여가 많지만, 청소가 적은 날은 1시간 하고 퇴근해서 급여가 겨우 교통비 정도밖에 안 되는 일도 있었다. 이렇게 따져서 한 달이 되니 월급이 얼마 되지 않았다. 청소를 해서 어느 정도 돈을 벌어가야 하는데 청소를 한두 시간 하고 가면 돈이 안 되는 것이었다.

그래서 고민을 하다가 청소 스태프를 직원으로 뽑은 후 직원 급여를 주고 청소를 시키게 되었다. 주 1회 휴무에 근무 시간은 오전 10시부터 오후 4시까지로 고정했다. 그리고 나니 청소 스태프도 만족하고 모노하우스도 좀 더 깨끗해졌다.

그런데 모노하우스에서 청소 스태프에게 주는 월급은 일반 호텔에서 객실 20개 정도 청소하는 직원에게 주는 월급과 비슷한 수준이다. 일반 게스트하우스는 시스템상 청소하는 아르바이트생에게 돈을 많이 줄 수 없고 리셉션 직원이 청소하는 예도 흔하다. 청소 급여가 얼마 안 되니 직원이나 아르바이트생도 흥이 나지 않아서 일을 열심히 하기 힘든 구조다. 그런데 모노하우스는 급여가 다른 게스트하우스 청소 스태프의 두 배 이상이니 청소 직원들도 열심히 일하고, 월급날이 되면 급여를 늦지 않게 바로바로 입금해주니 돈에 신경 쓰지 않고 일할 수 있게 되었다. 그래서 모노하우스의 청소 상태는 언제나 최상이다.

호텔 같은 리셉션 서비스

모노하우스의 리셉션은 작은 호텔과 같다. 리셉션 스태프는 아침 8시에 출근하면 컴퓨터를 켜고 그날 예약 시트부터 살펴본다. 이메일을 확인하고 예약 사이트를 살펴본 후 그날 몇 명이 체크인하고 체크아웃하는지 확인한다. 손님들이 체크아웃하면서 짐 보관을 요청하면 짐을 보관한 후 체크해둔다. 체크아웃 시간은 11시인데 비행기가 오후 늦게나 밤에 출발하는 손님들은 짐을 리셉션에 맡기고 남는 시간 동안 서울 시내 관광을 조금 더 하다가 짐을 찾아가는 일이 많다.

리셉션이 한가할 때는 오전 10시에 출근해서 청소하는 청소 직원의 청소를 도와주기도 하고, 청소가 끝나면 청소 사항에 대해 하나하나 점검한다. 청소가 제대로 되었는지 점검하는 것인데 청소 직원에게 트집을 잡기 위해서가 아니라 객실 상태를 최상으로 유지하기해서이다. 손님이 왔을 때 객실이 100% 완벽한 상태로 준비되어 있어야 객실을 제 가격에 팔 수 있기 때문에 청소가 끝나면 바로 투입되어 하나하나 점검한다.

객실이 몇백 개 정도 되는 큰 호텔이야 워낙 손님이 많으니 리셉션이 항상 바쁘지만, 일반적인 게스트하우스는 손님이 많지 않아서 리셉션에서 할 일이 많지 않다. 아침에 와서 불 켜고 보일러 확인하고 손님들 상황 체크하고 예약 시트 확인하는 식으로 일이 간단하다. 게스트하우스 업주들이 리셉션에서 할 일이 별로 없는 것을 알기 때문에 아르바이트생을 쓰면서 오전에 잠깐 리셉션 일을 시키다가 10시가 되면 청소하라고 하는 것이다.

그런데 나는 그 두 가지를 완전히 분업시켰다. 급여를 제대로 주고 그만큼 일을 제대로 하도록 여건을 조성한 것이다. 팀장급 직원들도 리셉션을 본다. 모노하우스에서는 청소나 웹팀 같은 경우 작업을 완전히 전담해서 하지만 팀장급 이상이 되면 멀티로 일을 하는데, 이것은 모노하우스가 호텔이나 콘도미니엄처럼 규모가 크지 않기 때문에 가능하다.

팀장급 직원들은 3년 이상 함께 일하면서 밑바닥부터 하나하나 배우고 모노하우스와 함께 성장해서 팀장이 된 친구들로, 기본적으로 모노하우스 내에서 일어나는 어떤 작업에 투입해도 제대로 해낼 수 있는 역량이 있다. 청소 직원이나 다른 직원들에게 일이 있으면 팀장이 청소에 투입되기도 하고, 팀장이 개인적인 일이 있는 경우 내가 투입되어 일을 대신하기도 한다. 그렇게 전체가 유기적으로 돌아갈 수 있도록 시스템을 구성해두어서 어떠한 일이 생겨도 직원들이 유동적으로 대처하며 일을 수습할 수 있다.

이 또한 다른 게스트하우스들에는 없는 장점이다. 보통의 게스트하우스는 사장 밑에 바로 아르바이트생을 두는 경우가 많은데, 아르바이트생이 말을 안 듣거나 무단결근하는 경우에는 곧바로 문제가 생기게 된다. 하지만 모노하우스는 시설 관리 팀장이 3년 되었고 예약 관리 팀장은 4년 동안 같이 일했다. 예약 관리 팀장은 처음에 워킹홀리데이 비자로 왔다가 지금은 취업 비자를 받아서 일하고 있다.

리셉션에서는 손님들에게 다양한 서비스를 해주고 있다. 공항 리무진 버스 예약부터 음식 주문, 그 외 손님에게 필요한 것은 거의 모두 해준다. 애초에 리셉션을 두고 하나부터 열까지 철저하게 교육한 이유가 손님들에게 그런 도움을 주기 위해서이기도 하다. 직원이 상주하면서 호텔 수준으로 서비스한다고 봐도 무방하다. 치킨도 대신 주문해주고, 일일 투어도 안내하고, DMZ 관광을 원하는 손님이 있으면 예약도 대신 진행해준다. 우리나라가 세계 유일의 분단국가이다 보니 DMZ를 보려는 관광객들이 종종 있다.

그리고 리셉션에는 여행객들의 편의를 위해 다양한 여행 홍보 소책자를 비치해두고 관심을 보이는 손님이 있으면 예약을 도와준다. 보통 예약을 하면 여행사 측에서 10시경에 차량으로 픽업하러 온다. 서울 곳곳에서 픽업한 관광객들이 탄 큰 버스가 게스트하우스 쪽으로 와서 관광객을 태우고 관광지로 이동하는데, 요즘은 대부분 이런 시스템으로 관광이 이뤄지고 있다.

한류가 뜨면서 빅뱅 같은 아이돌 그룹의 콘서트를 보러 오는 관광객들도 있는데 이때는 콘서트 표를 예매하고 당일에 한국에 들어오는 손님을 위해 콘서트 표를 대신 수령해주기도 한다. 콘서트 표를 해외에서는 받기 어려우니 대신 받아두었다가 전해주는 것인데, 모노하우스 안에 금고가 있어서 다른 귀중품과 함께 보관했다가 손님에게 전달한다. 규모는 작지만 서비스만큼은 호텔에 뒤지지 않는다고 자부한다. 작은 호텔이라고 할까.

현지인 직원으로 친근함 백 배

 규모가 작다는 것이 오히려 호텔과 차별화되는 모노하우스의 장점이기도 하다. 큰 호텔은 손님도 워낙 많고 리셉션 직원도 자주 바뀌다 보니 친절하기는 해도 인간적인 정은 느낄 수 없다. 그런데 모노하우스는 작은 게스트하우스라서 손님과 리셉션 직원 간에 금방 얼굴을 익힐 수 있고, 더구나 현지인 직원들을 고용하다 보니 같은 문화와 언어를 공유하여 더 친근하게 다가갈 수 있다. 외국에 나가 본 사람이라면 한 번쯤은 느껴봤겠지만 타국에서 만나는 생판 모르는 자국민이 얼마나 반갑고 위안이 되는지 알 것이다. 우리나라를 찾아오는 관광객들도 게스트하우스에서 같은 나라 사람을 만나면 훨씬 마음이 편안해지고 안정감을 느낄 것이다.
 그래서 팀장 아래에 대만인 직원, 홍콩인 직원, 말레이시아인 직원이 일하고 있다. 청소 직원이 점포마다 한 명씩 있고 호텔봉봉은 한국인 직원이다. 외국인 직원을 점포마다 한 명 이상씩 뽑아서 지금은 총 6명의 외국인 직원이 일하고 있는데, 외국인 관광객이 고객이다 보니 외국인 직원들을 주로 뽑았다.

나도 일본에서 유학할 때 아르바이트를 많이 했다. 1990년대 초반부터 10년 정도 일본에 살면서 대학도 나오고 이것저것 일도 했다. 그때 일본 업주들 사이에서 한국 사람들이 성실하다는 평판이 돌면서 한국인을 많이 고용했다. 지금 내 심정이 그와 비슷하지 않을까. 대만인 직원이 일을 잘하고 믿음이 가서 그쪽 직원을 많이 찾게 된다. 그렇다고 해서 한국인 직원이 적은 것은 아니다. 한국인도 5명이니 거의 반반이다. 얼마 전에 경영 위탁으로 모노하우스를 하나 더 확장하면서 한국인 직원이 늘어났다.

그런데 외국인 직원과 일을 하다 보면 뭔가 부드럽게 넘어가는 부분이 있다. 타국에서 열심히 일하는 게 마음 쓰이고, 아직 젊은 애들이다 보니 그냥 넘어가는 부분도 있다. 무엇보다도 한국에 관심이 많고 한국을 사랑하는 젊은이들이라서 나도 모르게 무슨 일이든 호의적으로 대하게 된다. 나이대도 다들 비슷해서 직원들끼리 서로 잘 어울리고 분위기도 좋아 일반 직장에서 받는 스트레스도 적다는 게 모노하우스의 장점이다. 직원들의 스트레스가 적을수록 손님에 대한 서비스도 좋을 테니 말이다.

그래서 나는 그런 분위기를 유지시키고자 매장에 잘 나가지 않는다. 직원들이야 겉으로는 반가워하지만 대표이사가 매장에 자주 나가봐야 분위기만 가라앉을 게 뻔하고 가는 날마다 이것저것 지적을 하니 분위기는 더 무거워질 수밖에 없다. 업무 지적은 갈 때마다 일부러 하는 측면도 없지 않은데 항상 긴장하면서 일하라는 주의 차원에서 지적을 한다. 각 매장마다 정기적으로 주 1회 나가서 전체적으로 살펴보는데 내가 매장에 나가는 날이면 직원들이 긴장하는 게 역력하다.

하지만 평소에는 업무 분위기가 밝고 젊은 직원들끼리 재미있게 일할 수 있도록 분위기를 조성하고 배려하려 노력한다. 예전 30대 시절에 직장에서 그와 비슷한 느낌으로 한 5년가량을 즐겁게 열심히 일했던 기억이 있다. 또래 직원들하고 재미있게 일하다 보니 일도 즐겁고 돈은 자연스럽게 따라왔다. 모노하우스는 아직 돈이 많이 따라오지는 않지만 대신 재미있고 스트레스 없는 직장이 되도록 신경 쓰고 있다. 예를 들어 회식 때는 그냥 카드만 주고 직원들끼리 알아서 놀라고 보내는데, 팀장들도 직원들과 같은 또래다 보니 서로 잘 어울린다.

팀장급 직원들에게는 인센티브 제도를 실시하고 있는데 그 아래 직원들에게도 나중에 연 단위로 인센티브를 줄까 생각하고 있다. 그렇게 인센티브를 모아뒀다가 1년 이상 모노하우스와 함께한 직원들이 퇴직할 때 퇴직금 식으로 주면 괜찮지 않을까 생각 중이다. 내가 일본에서 유학 생활을 하면서 힘들었던 점들을 외국인 직원들도 느낄 거라는 생각에 최대한 배려하려고 하며, 그런 것들이 결국 손님들에게 훌륭한 서비스로 돌아오기 때문에 외국인 직원들을 보듬고 다독이며 함께 가는 것이 모노하우스의 성장 발판이다.

고객에게 감동을 선물하라

손님들이 홍대 주변을 관광하는 경우에는 요청이 없는 이상 따로 주변 안내를 하지 않는다. 홍대는 직접 골목골목을 걸어 다니면서 숨겨진 작은 보석 같은 가게들을 찾아내는 즐거움이 있기 때문이다. 대신 소개를 원하거나 안내 요청이 있다면 자세히 안내해주고 홍보용 소책자를 비치해두어 필요하면 누구든 편하게 가져가게 하는데, 요즘은 와이파이와 스마트폰으로 정보를 찾는 경우가 더 많다. 보통 손님들이 객실에서 갈 만한 곳을 검색하다가 괜찮은 곳을 발견한 다음에 리셉션 직원에게 궁금한 점을 문의한다. 간혹 방에서 나오기 싫은 손님들은 라인 메신저로 "내일 여기 가보려고 하는데 어떻게 가나요?"라고 묻기도 한다.

안내를 원하는 손님에게는 직원들이 충분히 안내를 해준다. 예를 들어 맛집을 가고 싶다는 손님에게는 메뉴별로 어떤 집이 맛있는지 자세히 소개한다. 물론 모노하우스에서 걸어서 어렵지 않게 갈 수 있는 곳으로 안내한다. 식당이나 가게에서 언어 문제로 주문을 하지 못하면 안 되기 때문에 라인 메신저로 찍어서 보내주거나 직접 전화를 주면 답을 하거나 안내를 해주기도 한다. 또한 식당의 직원이나 주인과 통화가 필요할 때는 직접 통화하여 손님이 소통에 불편함이 없게 도와준다. 리셉션 직원은 외국인이지만 한국어도 되기 때문에 통화해서 주문이나 필요한 것을 구입할 수 있게 도와준다. 실제로 한국에 관광 왔다가 몸이 안 좋아서 병원에 입원한 손님이 있었는데 손님을 병원까지 데리고 가서 통역이며 입원까지 도와준 일도 있다.

　직원들은 손님이 자국 사람이니까 더 잘해주려고 하고 손님은 그런 직원들을 친절하고 고마운 사람으로 기억한다. 서로 외국에서 만나는 자국인이니 서로 편하게 느끼는 부분도 있고 모노하우스에서 묵는 손님이니 더 잘하려는 것도 있다. 직원이 손님들에게 어디까지 도움을 줘야 하냐고 물어보면 나는 무조건 할 수 있는 것은 다 해주라고 하고, 손님들에게도 도움이 필요하면 언제든 바로 얘기해 달라고 한다.

　모노하우스 2호점은 홍대입구역 3번 출구까지 거리가 조금 된다. 짐까지 가지고 가다 보면 최대 10분까지 걸리기도 한다. 손님이 체크아웃하고 갈 때 미리 알려주면 나나 직원들이 홍대입구역까지 짐을 옮겨주기도 하고, 아니면 손님들이 짐을 모노하우스에 맡기고 관광을 좀 더 즐기다가 몇 시까지 홍대입구역 3번 출구 앞으로 짐을 가져다달라고 하면 그 시간에 짐을 날라다주기도 한다.

예전에는 구청에서 운행하던 셔틀버스가 모노하우스 2호점 근처로 와서 손님들이 편하게 이용했는데 구청에서 수익이 안 난다는 이유로 없애버렸다. 셔틀버스가 있을 때는 손님들이 잘 이용했는데 아쉬울 따름이다. 사실 이런 서비스들은 혼자서 게스트하우스를 운영하는 경우에 시행하기가 거의 불가능하고 하더라도 얼마 못 가서 지치게 된다.

하지만 모노하우스에서는 여러 명의 직원이 업무를 교차해서 보기 때문에 가능하다. 모노하우스는 지하철 홍대입구역에서 각 점포의 모노하우스까지 무료 송영 서비스를 제공할 뿐만 아니라 대형마트 물품 구매 대행 서비스도 제공하는 등 타 게스트하우스와 차별화된 서비스를 제공하고 있다.

어떤 방법으로 예약을 받을까

　숙박업소 예약 사이트로는 아고다, 익스피디아, 부킹닷컴, 호스텔월드, 씨트립, 코네스트 같은 곳이 있다. 그중에 씨트립은 중국 본토와 연계된 숙박 포털이고 코네스트는 일본과 연계되어 있다. 아고다나 익스피디아는 예약이 들어오면 수수료로 20% 정도를 요구한다. 약 5년 전에는 수수료가 12% 정도였는데 지금은 많이 올랐고, 모바일의 경우에는 5%의 수수료를 더 내야 한다. 만약 이 규칙을 지키지 않으면 등록 자체를 할 수가 없다.

　그래서 2년 전부터 자체 마케팅을 늘려서 수익률을 높여야겠다는 생각을 했고, 그 결과 현재는 2,000만 원 정도 수익이 난다면 그중 약 60%가량이 자체 마케팅을 통해 들어온 손님이다. 지금도 많이 좋아졌지만 그 비율을 80~90%까지 끌어올리는 게 목표다. 자체 마케팅 손님 60%를 뺀 나머지 부분에서 30~35%가 예약 사이트를 통한 예약이고, 나머지 5~10%는 전화나 이메일을 통한 예약이다. 모노하우스 홈페이지에서 예약을 할 수 있는데 날짜를 지정하고 타입을 지정해서 예약하면 그 내용이 이메일로 들어온다. 메일 응대는 스태프들이 하는데 메일은 직원들이 왔다 갔다 하면서 수시로 확인한다. 메일에 대한 답변은 중화권 메일은 중화권 스태프가, 일본 쪽은 내가, 중국 쪽은 중국 직원이, 한국 쪽은 다른 직원이 각각 응대한다. 메일 응대도 이렇게 나누어서 바로바로 처리한다.

모노하우스는 주로 대만 쪽과 연계해서 자체 마케팅을 펼친다. 그중에서도 대만의 파워 블로거들을 통해 마케팅을 하는데 유기적으로 연락하는 루트가 있다. 이쪽을 통해 30여 명 정도의 파워 블로거들과 제휴를 맺어 마케팅을 진행하고 대만 쪽에서는 수시로 마케팅을 지원해준다. 파워 블로거들이 우리나라에 와보고 숙박을 한 후 그 후기를 올려주는데 항상 반응이 좋다.

요즘에는 손님들이 메일을 통해 예약하거나 팀장에게 직접 SNS로 예약하는 경우도 있다. 직원과 손님 간에 의사소통이 자유롭다는 것이 숙소 예약 등에서도 편리하게 작용한다. 서로 말이 통하니 예약 관련 업무가 빠르고 쉽게 처리된다.

블로거를 통한 마케팅 루트를 거쳐서 예약한 경우에는 펑크 나는 상황을 방지하기 위해 팔로워에게 예약금을 10% 받으라고 한다. 예약 사이트인 아고다나 익스피디아를 통해 20~25%의 수수료를 내는 것보다 파워 블로거를 통해 수수료를 10% 주는 게 모노하우스 입장에서는 이익이다. 그러다 보니 블로거를 통한 마케팅을 매우 적극적으로 활용하고 있고 앞으로도 계속 이어갈 생각이다. 예약금은 파워 블로거들의 홍보에 대한 수수료라고 생각하며, 그래도 이쪽은 숙박업소 예약 포털 사이트처럼 갑질은 안 하니까 차라리 낫다. 예약 사이트들은 예전과 정책이 너무 달라져서 게스트하우스 등 숙박업소 입장에서는 불편한 부분이 있다.

　중국인들은 명동이나 중구 쪽으로는 관광을 많이 가는데 홍대는 아직 그리 많지 않다. 우리나라 사람들이 중국 관광이라고 하면 상하이나 베이징 외에는 잘 모르는 것과 비슷하다. 많은 중국인들이 한국 관광을 위해 물밀듯이 몰려오는데 대부분 명동, 동대문, 남대문으로 간다. 애초에 중국에 한국 관광을 홍보하면서 그 지역 위주로 했고 그러다 보니 거기가 전부인 줄 아는 것이다.

　그런데 최근 중국 본토의 젊은이들 사이에서 홍대가 조금씩 알려지고 있다. 중국의 젊은이들 사이에서 홍대의 클럽 문화나 젊은이들이 좋아할 만한 분위기 있는 곳들이 알려지면서 개별 여행자들이 홍대로 넘어오는 추세이다. 이런 분위기를 감지했는지 홍대에 하나 둘 호텔이 들어서고 있고 조만간 홍대 롯데호텔에는 면세점도 들어올 예정이라고 한다.

　위챗 결제(WeChat, 웨이신)를 활용한 모바일 예약 시스템 구축은 이러한 중국 본토 젊은이들을 타깃으로 시작한 아이디어로, 기존 숙박 예약 사이트에 지급하던 높은 수수료의 부담을 덜고 직접 판매하려는 목적이다. 수익성 향상을 위해 대만에서 파워 블로거를 활용해 마케팅과 예약을 동시에 진행하는 것처럼 중국 본토에서는 위챗을 그러한 매개로 활용한다고 보면 된다.

게스트하우스는 호텔과 분명한 차이가 있기 때문에 나름 경쟁력이 있다. 호텔은 마진이 있어서 가격을 무한대로 내릴 수 없고 객실 단가를 내리는 선이 어느 정도 정해져 있다. 호텔에 낮은 마진율로 들어오는 방법은 여행사를 통해서인데 이 금액은 공개적으로 노출되는 금액이 아니어서 게스트하우스에 큰 위협이 되지 않는다. 객실 수가 많은 호텔에서는 이런 여행사 손님이 30~40%를 차지하는 경우도 있어서, 그럴 때는 호텔의 수익률이 게스트하우스보다 터무니없이 낮다.

이런 호텔 문화에서 벗어나서 조식장도 크게 하지 않고 연회장도 빼고 휘트니스도 줄이고 나온 것이 비즈니스호텔이다. 일본은 땅도 우리나라보다 몇 배 넓기도 하지만 길이가 워낙 길다 보니 홋카이도에서 오키나와까지 비행기로 3시간 넘게 걸린다. 그런 일본에서 비즈니스호텔이 성행하다가 한국으로 넘어오게 되었다.

10년 전에 일본에 갔을 때 나는 일본의 관광 인프라를 보고 깜짝 놀랐다. 우리나라에는 일본과 같은 인프라가 전혀 없었기 때문이다. 당시 케이블카도 남산밖에 없었다. 그런데 일본은 이것저것 다 갖추고도 관광객 수가 1,000만 명을 넘은 것이 2016년이다. 그런데 관광 인프라도 없는 우리나라에서 한 해 1,000만 명을 쉽게 넘기다니 대단한 일이다. 2016년에 한국 방문 관광객 수가 1,600만 명을 넘어섰다.

클레임을 처리하자

　숙박업을 하다 보면 오버부킹, 즉 초과 예약이 되는 경우가 종종 있다. 직원이 체크를 잘못했거나 객실에 문제가 생기는 경우에 오버부킹이 생긴다. 사전에 오버부킹을 알면 대처가 가능한데 몰랐을 때가 문제가 되며, 보통 직원이 제대로 관리하지 않았을 때 이런 일이 생긴다. 원래는 하루 전에 다음 날 손님들을 다시 확인하고 사이트에 들어가서 체크해야 하는데 그때 빠뜨리게 되면 펑크가 나는 것이다. 그래서 당일 날 손님이 오게 되면 매니저의 대응이 중요하다. 모노하우스에서는 오버부킹이 생기면 비슷하거나 더 높은 등급의 객실을 대실해준다. 물론 사전에 사정을 설명하고 바꾸는 것은 기본이다.

　나는 숙박업을 시작할 때 미리 주변 호텔의 지배인들을 소개받아서 만난다. 그리고 식사자리를 마련한 후에 식사하면서 미리 오버부킹에 대한 대비를 해둔다.

"제가 주변에서 작게 게스트하우스를 하고 있습니다. 그런데 가끔 오버부킹이 날 수도 있는데 그럴 때 방을 좀 저렴하게 주셨으면 좋겠습니다."

이런 말을 들으면 호텔 지배인들이 의아해한다. 게스트하우스를 작게 한다는 사람이 방이 필요할 때가 있을까 싶어서다. 일반적으로 게스트하우스라고 하면 도미토리 비슷한 것을 생각하는데 호텔 객실을 빌려달라고 하니 객실 단가를 얼마에 맞춰달라는 건지 의아해하는 것이다. 나는 여행사 비용에 맞춰달라고 요청한다. 호텔 지배인들도 밥을 먹으면서 이야기하는 거니까 그러려니 하면서 흘려듣는다. 그런데 호텔 지배인들이 모노하우스를 보고 나면 생각했던 게스트하우스가 아니라는 사실에 깜짝 놀라고 나의 그런 제안을 이해하게 된다. 그 후에 모노하우스의 객실 단가를 듣고 나면 그때부터는 모노하우스를 경쟁업체로 보기 시작한다.

가끔은 당일이 되어 객실을 사용할 수 없는 상황이 생기기도 한다. 예를 들어 그날 아침에 보일러가 고장 나고 당일에 수리가 불가능한데 예약한 손님이 들어오는 경우이다. 그럴 때는 미리 손님의 동의를 얻어 객실을 업그레이드해주고 짐까지 옮겨준다. 그리고 다음 날부터 남은 기간의 숙박을 모노하우스에서 하겠다고 하면 짐도 보관해준다. 예전에 동대문에서 숙박업을 할 때도 서미트 호텔이나

라마다 호텔 등 주변 호텔들과 연계해서 오버부킹을 처리하고는 했다. 호텔 측에서도 남는 방을 처리하는 거라서 서로 윈윈하는 일이다. 동대문에서는 소문이 나서 같이하자고 하는 호텔도 많았다. 방이 남을 때는 당일 판매도 계속한다. 아고다나 익스피디아 등을 통해 당일 프로모션을 진행하는데, 당일 비는 방은 할인 폭을 높여서 채우는 것을 목표로 한다. 그래서 당일 할인 어플을 통해 오는 외국인들도 적지 않다.

대신 일반 게스트하우스와는 연계하지 않고 있다. 우선 금액대도 안 맞고 모노하우스를 보고 온 손님이 불쾌해할 수도 있어서 다른 게스트하우스로는 안내하지 않는다. 단독 화장실과 샤워실이 딸린 단독 방으로 호텔급 게스트하우스를 보고 왔는데 공용 화장실에 공용 2층 침대를 사용하는 게스트하우스를 대실해줄 수는 없는 노릇 아닌가. 그래서 일부러 큰 호텔들하고 연계하고 있는데, 가끔 호텔 중에서 오래되고 재단장이 안 되어 객실이 깔끔하지 못한 곳도 있다. 그런 경우 역으로 클레임이 걸린 적이 있었다. 그래서 손님에게 2급에서 특2급의 호텔이고 역사가 있고 규모가 큰 호텔이라, 객실 단가가 오히려 모노하우스보다 더 비싸다고 이야기하며 양해를 구한 적이 있었다.

한번은 이런 일도 있었다. 체크아웃한 손님이 저녁에 와서 가져간다고 하며 짐을 맡겼는데 그날 전체 짐의 양이 많아서 복도 CCTV 보이는 곳에 두었다. 마침 다른 손님도 비슷한 이유로 짐을 맡겼고,

짐이 섞이지 않게 잘 분리해두었다. 그때 짐을 맡긴 손님들은 한쪽은 말레이시아인이었고 다른 한쪽은 중국 아니면 홍콩이었던 것으로 기억한다. 그런데 나중에 짐을 맡긴 손님이 먼저 짐을 찾아가면서 앞서 맡긴 손님의 짐까지 가져가버린 것이다. 자기 짐을 다 챙기고 다른 사람의 짐 가운데 쇼핑백 하나를 가져갔는데 카카오프렌즈 인형이 그 안에 들어 있었다. 그리고 그 후에 앞서 짐을 맡긴 손님이 와서 짐을 챙겨갔는데 짐이 워낙 많으니까 다 확인하지 못하고 출국했다.

그런데 하루인가 이틀 후에 그 손님에게서 연락이 왔다. 자기 물건이 없어졌다는 것이다. 인형을 잃어버린 손님은 노발대발했고, CCTV를 돌려 확인해봤더니 다른 손님이 가져간 것이었다. 현지인 직원을 통해 먼저 출발했던 손님에게 연락을 취한 후 인형 이야기를 하자, 안 가져갔다고 오리발을 내미는 것이었다. 그래서 설치된 CCTV를 돌려보고 전화한 거라고 하자 그다음부터 전화를 받지 않았다. 결국은 그 손님에게 인형을 돌려받지 못했고 모노하우스에서 인형을 사서 잃어버린 손님에게 보냈다. 당시 인형 가격이 15~20만 원 정도였다.

원래는 짐이 오면 올라가서 이야기하고 짐을 서로 확실하게 구분해놓는데 이때는 하필 짐이 많았다. 보통 각 방에 두 명씩 아홉 방으로 따져도 18명이고 다인실까지 꽉 차면 손님을 최대 25명까지 받는데, 그 인원이 꽉 차면 짐들이 엄청나게 많아진다. 그러다 보니 이런 일이 생긴 것이다. 그런데 그 말레이시아 손님이 스태프에게 협박 아닌 협박도 하고 그렇게 힘들게 했다고 한다. 그래서 직원이 너무 힘들다고 하소연하면서 어떻게 하냐고 푸념할 정도였다. 말레이시아 직원을 통해 친구 거치고 페이스북 통해 이야기했는데도 결국에는 인형을 돌려받지 못했다.

클레임이 걸리면 돈을 100% 환불해주거나 1박 비용을 감해주거나 한다. 전후 관계를 따져보고 모노하우스 쪽의 실수가 확실한 경우 손님하고 대화해서 어떻게 하는 게 좋을지 의향을 물어본다. 그리고 1박 비를 환불해주는 경우도 있고, 다음에 올 때 1박이든 2박이든 무료로 제공해주는 방법도 있다. 무료 숙박은 클레임보다는 프로모션으로 더 많이 이용한다. 모노하우스가 새로 오픈할 때마다 무료 숙박 제공 이벤트를 하는데 그때마다 참여하는 손님이 많아서 새로 오픈하는 모노하우스에 대한 홍보 효과를 톡톡히 보고 있다.

체크인과 체크아웃

 모노하우스에서는 호텔처럼 체크인 데이터를 작성한다. 호텔에서 작성하는 양식과 비슷하게 모노하우스에서 만든 양식이 있는데, 나라별로 중국어, 일본어, 영어 세 가지를 준비해두고 있다. 체크인 날짜와 시간, 체크아웃 날짜와 시간, 숙박 기간, 손님 이름, 설정한 디지털 도어락 비밀번호, 주의해야 할 부분 같은 내용을 적은 양식 두 장을 작성해서 한 장은 손님이, 다른 한 장은 리셉션에서 보관한다.

 체크인 절차는 손님이 오면 예약 시트를 확인해서 이름이 있는지 먼저 확인한 다음, 여권을 받아 복사한다. 그리고 예약 사이트마다 숙박비 지불 방식이 다르기 때문에 어느 경로를 통해 예약하고 왔는지 확인한다. 선 지불하는 경우도 있고 체크인 시 지불하는 경우도 있기 때문에 꼭 확인해야 한다. 만약 확인해서 결제가 안 되어 있으면 객실료를 받아 체크하고, 인원도 예약한 인원수가 맞는지 확인한다. 종종 예약할 때는 두 명이었는데 세 명이 오는 경우가 있는데, 이럴 때는 추가 요금을 받고 3인실로 교체해주거나 교체 가능한 방이 없으면 약간의 추가 요금만 받고 베개와 이불을 추가로 넣어준다. 또한 이름과 숙박 기간 등도 확인하고 금액도 재확인한 다음에 모든 것이 맞으면 사인하고 체크인 데이터 한 장을 손님에게 건네고 방으로 안내한다.

모노하우스에서는 체크인할 때 계산을 끝내기 때문에 체크아웃할 때는 할 일이 많지 않다. 체크아웃 시간은 11시인데 급하게 나가야 하는 손님은 그냥 문만 닫고 가면 도어락이 알아서 잠긴다. 체크아웃할 때 리셉션에 오는 손님들은 보통 비행기 시간이 많이 남아서 좀 더 관광하려고 하는 사람들로 짐을 맡기려고 온다.

요즘은 세상이 달라져서 손님이 오면 보통 스태프들하고 SNS 연결부터 한다. 20~30대 여성이 주요 고객이다 보니 대부분 SNS를 사용해서, 만에 하나 청소하다 물품이 없어진 것이 확인되면 바로 SNS로 연락해서 짐 정리하던 중에 혹시 같이 들어간 물품이 없는지 물어본다. 물품이 잘못 들어가서 다시 받는 일도 있었고, 안 가져갔다고 하면 사실 어쩔 수 없다. 어쨌건 SNS로 연결되어 있으니 물품 분실에 대해서는 크게 신경 쓰지 않는다. 그리고 소품들은 가능하면 글루건으로 고정해서 서로 불편한 일이 생기지 않도록 사전에 방지한다. 잃어버리면 부담스러울 정도로 너무 비싼 소품은 객실에 비치하지 않고 소품 단가를 적정 수준에 맞춰서 준비한다.

모노하우스 부산에서는 보증금으로 10만 원을 받는다. 그리고 체크아웃 후에 근무자가 청소하면서 확인한 후 아무 문제가 없으면 계좌로 환불해준다.

여권 복사는 꼭 필요하고 호텔에서는 규정으로 되어 있다. 무슨 일이 어떻게 생길지 모르고 나중에 여권 사본이 필요한 경우도 생기기 때문이다. 아랍권 같은 곳이나 후진국에서 취업하려고 위장으로 들어오거나 숙박업소를 범죄에 악용하는 경우도 있다. 공항에서 입국할 때 숙박업소 이름을 쓴 다음에 이곳에서 1박만 하고 조용히 사라지는 것이다.

실제로 명동 호텔봉봉에서 그런 일이 있었다. 한 아랍 사람이 8박으로 예약하고 호텔에 왔는데, 1박만 결제한 후에 숙박비를 매일 결제하겠다고 하더니 그다음 날 사라졌다. 며칠 있다가 경찰에서 전화가 와서 그 아랍 사람이 숙박했냐고 물었다. 위장 취업 같은 것은 아니고 테러와 관련된 요주의 인물이라는 것이다. 그때 경찰들이 매일 와서 CCTV 확인하고 체크인 데이터도 확인했다. 그래서 한동안 아랍 사람들이 오면 좀 더 신경이 쓰이고 예민해졌다. 홍대에서는 그런 일이 없는데 명동에서는 그런 일이 종종 생기곤 한다.

모노하우스 탑 시크릿 1

모노하우스 프론트(리셉션) 업무 매뉴얼

프론트 매니저를 보통 게스트하우스의 얼굴이라고 한다. 왜냐하면 프론트는 고객을 최초로 맞이하고 체크아웃 시 마지막으로 환송하는 장소이며, 게스트하우스에 대한 고객의 충성도를 창조하는 곳이기 때문이다. 또한 고객을 감동시켜서 게스트하우스의 이미지를 향상시키고 상품의 재구매를 유도하는 중요한 역할을 하는 부서이다. 조직적이고 전문적인 마케팅 전략을 수립하고 고객들에게 적극적으로 판촉 활동을 해서 많은 고객을 유치해도 게스트하우스를 방문한 고객이 프론트에서 좋은 인상을 받지 못하면 그동안의 모든 활동 효과를 기대할 수 없다.

◉ 체크인

게스트하우스 숙박을 원하는 고객을 대상으로 진행하는 숙박 절차 첫 단계로, 고객이 게스트하우스에 도착하면 고객의 정보를 일정한 양식에 기록한 후 객실을 제공받는다. 이 과정에서 프론트 매니저는 고객 성명, 숙박 기간, 객실 가격을 예약 고객에게 확인한다. 체크인 과정은 고객이 게스트하우스에 도착해서 처음으로 하는 업무이기 때문에 게스트하우스에 대한 첫인상을 결정한다. 그러므로 프론트 매니저는 최대한 고객에게 친절하고 예의 바르게 응대하여 불쾌감을 주거나 실례를 범하지 않게 유의해야 한다.

- 정중하게 게스트하우스 방문에 대해 감사 인사를 하고 예약 유무를 확인한다.
- 예약을 게스트하우스 컴퓨터를 통해 확인할 때 실수하지 않도록 유의하면서 고객의 성명을 정확히 파악한다.
- 고객 성명, 숙박 기간, 객실 가격을 재확인한다.
- 체크인 레터(사전 등록 카드에 고객 성명, 정보, 숙박 기간을 정확하고 명확하게) 작성 후 게스트하우스에 대해 자세히 설명한다.
- 설명이 끝나면 객실로 이동한다.

객실 안내
- 객실 비밀번호 설정법을 알려준다.
- 방 안에 비치된 TV, 에어컨 리모컨 작동법을 설명한다.

예약 업무 및 고객 숙박 시
- 고객에게 받은 '청소 요청 접수기'를 프론트에서 하우스키퍼에게 전달한다(청소 완료 점검은 매니저가 한다).
- 고객이 관광지 및 식당에 대해 문의하면 성심성의껏 안내한다.
- 게스트하우스의 지점별 메일을 켜놓고 수시로 확인하고 답장한다.

- 하우스키핑 업무를 프론트에서 지원한다.
- 예약 사이트(아고다, 부킹닷컴, 익스피디아 등)를 오전, 오후 두 번 체크한다.
- FAX 예약 및 예약 변경, 취소 등을 처리한다.
- WECHAT, 블로그, 페이스북을 관리하고 체크한다(블로그는 1주일에 1~2회, 페이스북은 나라별로 1주일에 수시로 작성해서 올린다).
- 예약한 고객에게 5일 전에 리컨펌 체크한다.
- 각 게스트하우스 현관 입구를 청소한다.
- 카페에 추천 글을 남긴다.
- 하우스키퍼가 객실 청소를 끝내면 매니저가 매일 3시경에 점검한다(점검할 체크 리스트 및 점검 확인 사항 체크).

　ㄱ. TV, 에어컨 작동 여부

　ㄴ. 냉장고 생수 유무

　ㄷ. 침대 머리카락

　ㄹ. 화장실 휴지, 사각티슈, 화장실 타월

　ㅁ. 그 외 부족한 부분 발생 시 신속하게 매니저가 처리

📍 객실 점검

- 객실 점검에서 가장 주의 깊게 살펴야 할 것은 머리카락이다. 침대 세팅이 마무리된 상태에서 이불을 들춰본다.
- 리넨류 침구는 세탁이 완료되었어도 간혹 머리카락이 붙어 있거나 이물질이 지워지지 않았을 수 있다. 특히 베개와 베개 커버에 머리카락이나 이물질이 없는지 반드시 확인한다.
- 냉장고 안을 청소할 때 간혹 머리카락이 붙을 수 있으므로 주의한다. 특히 냉장고가 색상 때문에 조금만 청소에 소홀해도 지저분해 보인다.

📍 체크아웃

- 매니저가 직접 고객의 짐을 리셉션까지 옮겨준다.
- 작은 기념품이 준비되어 있으면 제공한다.
- 정중하게 좋은 리뷰를 요청한다.

📍 오버부킹 대처 요령

게스트하우스 사정으로 고객에게 예약한 객실을 제공할 수 없는 경우가 있다. 게스트하우스 내 빈 객실이 없어서 다른 객실로 안내할 수도 없을 경우에는 고객이 다른 게스트하우스나 호텔로 이동

해야 한다. 이때 고객은 매우 불쾌해하면서 해당 게스트하우스에 안 좋은 인상을 받을 수 있다. 대단히 난처한 상황이지만 프론트 매니저가 사명감을 가지고 최선을 다해 일을 처리해야 한다. 특히 게스트하우스의 이미지 손상을 최소화하고 대고객 신용도를 높일 수 있도록 신중하고 신속하게 처리한다.

- 예약한 객실 수준 이상의 다른 게스트하우스 또는 호텔 예약 및 교통편 제공
- 1박 객실료 게스트하우스 부담
- 고객 희망에 따라 다음 날 게스트하우스로 재유치(교통편 제공) : 어떤 수단과 방법을 동원해서라도 최대한 다음 날에는 고객을 다시 게스트하우스로 유치하여 상실된 신용을 만회한다. 이때 문제가 된 부분들을 말끔하게 해결해야 하며 총괄 매니저도 반드시 정중하게 사과한다.

4장
고객 감동 하우스키핑

하우스키핑 매뉴얼을 만들자

하우스키핑이란 객실 관리와 객실에 제공되는 모든 서비스를 말하는데 객실 청소, 비품 정비, 리넨과 소모품 관리와 같은 것을 전부 포함한다. 모노하우스에서는 하우스키핑의 작업 표준을 매뉴얼로 만들어놓고 따르고 있다.

처음에 인테리어를 할 때 디자이너가 인테리어와 소품, 침구 등을 세팅한다. 쿠션 위치와 소품 위치, 러그를 놓는 위치 등을 전부 조절한 후에 모두 사진으로 남긴다. 그리고 이것을 코팅해서 작업 표준을 정하고 청소 직원에게 그대로 따르게 한다. 만약 손님이 러그 위치를 바꿔놓고 체크아웃한다면 작업 표준을 참고하여 처음 상태대로 다시 깔아놓는다.

청소에도 매뉴얼이 따로 있다. 침구류는 어떻게 정리하고 청소는

어떤 순서와 방법으로 하는지 자세히 나와 있다. 매뉴얼은 한국어와 중국어 두 가지로 준비해서 모든 직원이 볼 수 있게 한다. 이런 매뉴얼은 호텔 이하의 숙박업소에서는 크게 신경 쓰지 않는 편이며, 게스트하우스는 물론이고 모텔에도 없는 경우가 많다.

먼저 청소 직원이 청소를 마치면 리셉션 매니저가 청소 상태를 점검한다. 작업 표준에 따라 정확히 세팅되었는지 확인하는데, 청소할 게 많고 바쁜 날에는 청소 직원들도 정리한다고 해도 부족하거나 놓치는 부분이 생길 수 있다. 그래서 그런 부분은 매니저가 점검 과정에서 찾아내어 완벽하게 손님을 맞을 수 있도록 준비한다.

비품 교체는 청소 직원이 청소하면서 항상 확인한다. 샴푸나 린스 통이 비었는지 확인하고 비어 있으면 채워 넣는다. 게스트하우스에는 들어가는 비품이 그리 많지 않은데. 손님들이 수건이나 칫솔, 비누, 샴푸 등을 준비해서 오는 경우가 많기 때문이다. 만약 비품을 요청하는 손님이 있으면 칫솔, 비누, 수건 같은 비품을 바로 준비해준다.

침구류는 2배수를 준비해서 찢어지거나 해진 침구는 바로 교체하고, 세탁을 보내고 받는 시간을 살펴서 부족한 경우 추가로 주문해 놓는다. 모노하우스도 처음 시작할 때 침구류는 2배수로 주문을 해서 맞춰놓았고, 얼마 전에 1호점의 낡은 침구류를 추가 주문하기도 했다.

모노하우스는 리넨 침구류를 사용하는데 동대문에 거래하는 업

체가 있어서 필요할 때마다 수시로 구입한다. 원래는 60수와 70수로 주문해서 썼는데 3호점에서는 좀 더 부드러운 것으로 써보자는 의견이 나와서 업그레이드된 80수짜리 침구를 사용하고 있다. 호텔과 어떻게 차별화를 할까 고민하다가 침구류에 좀 더 공을 들이기로 했고, 리넨 침구류의 교체 주기가 조금 빠른 편이기는 하지만 재질이 부드러워서 손님들이 편안해한다.

하지만 지출 계산에서 이런 것들을 일일이 감가상각으로 잡지는 않는다. 게스트하우스는 호텔과 달리 규모가 작아서 감가상각에 대한 평균을 내기가 쉽지 않기 때문이다. 만약 처음에 2억을 투자했다면 그걸 1년 6개월 만에 회수하는 것으로 생각하고 일을 시작한다. 2억은 보증금에서부터 시설 인테리어, 비품 등을 다 포함한 금액이다. 이렇게 초기 투자비로 금액을 잡은 후 추가로 발주하는 비품에 대해서는 지출로 빼서 처리한다.

침구류를 제외한 일반 소모품은 국내 인터넷 소셜마켓을 이용한다. 샴푸, 린스, 보디샴푸 등은 이곳에서 최저가로 구입한다. 부족한 비품에 대해서는 시설 관리 팀장이 직원들에게 주 1회 이야기를 듣고 부족한 비품을 주문한다.

기분 좋은 여담을 하나 하고 다음 이야기로 넘어가보자. 어느 날 대만인 손님이 묵었는데 베개가 편했는지 어떤 베개를 쓰냐고 물었다. 동대문에 거래하는 업체가 있다고 하니, 베개 구매를 부탁해서 한 30개 정도를 보내준 적이 있다. 베개 솜도 싼 것은 만 원도 안 되

는 게 많지만 모노하우스에서는 도매가로 따져도 만 원이 훌쩍 넘는 고급 베개 솜만 사용한다. 요즘에는 세계적으로 사람들 취향이 비슷해지는 것 같다. 써보면 편하고 좋은 것은 다들 똑같이 느끼나 보다.

하우스키핑으로 고객을 만족시키자

 청소 직원들이 모두 젊은 친구들이다. 그런데 어른들이 하는 청소와 젊은 친구들이 하는 청소는 분명히 차이가 있다. 그래서 만든 것이 작업 표준이다. 젊은 사람들이다 보니 배우는 것이 빨라서 일주일이면 감을 잡고 일을 한다. 하지만 거기에 그치지 않고 (주)모노앤플러스 운영사의 전문적인 하우스키퍼 팀장이 일주일에 한 번씩 와서 청소 진행을 점검한다. 젊은 친구들을 서포터하고 같이 청소하면서 잘하고 잘못하는 부분에 대해 알려주고 잘못하는 부분은 직접 보여주면서 교정해준다.
 모노하우스에서는 모든 것을 한 사람이 관리하게 두지 않는다. 여러 명의 직원이 교차하면서 다중적으로 관리하는 시스템이다. 매니저도 가서 체크하고, 하우스키퍼 팀장도 체크하고, 나도 가서 체크

〈표 1〉 방역업체별 서비스 내용

업체명	서비스 내용
업체 1	롱다운(살충제), 맥스포겔(바퀴벌레, 거미, 쥐, 좀벌레, 애벌레)
업체 2	닥터솔루션, 식독제, 살서제, 에어테라피-피톤치드 (안전행정부 및 식약처 승인 약품)
업체 3	바퀴벌레, 개미 방제, 살균, 소독
업체 4	바퀴벌레, 개미, 기타 해충, 방향, 공간 소독
업체 5	일반 방제(쥐, 바퀴벌레, 개미 중 가주성 해충), VBC(바이러스&박테리아)
업체 6	그린세이프 분무유제, 쥐약 및 바퀴벌레 기타

하는 식으로 시스템이 운영되고 있다.

 벌레와 해충 관리 및 방역은 전문적으로 관리해주는 업체에 맡긴다. 업체를 선정할 때 같은 조건의 업체 세 군데 정도에서 견적을 받아 모노하우스와 맞는 업체를 최종적으로 선정했다. 원하는 조건을 다 이야기한 뒤 모두 해줄 수 있고 비용도 합리적인 업체와 계약했다. 한 달에 기본으로 4회 출장을 나와 관리해주는데, 만약 그사이 무슨 일이 있으면 바로 와서 처리하고 교체해준다. 동대문에서 호텔을 운영할 때는 객실 수가 많아서 세스코를 써도 부담이 없었지만, 게스트하우스는 세스코를 쓰기에는 단가가 맞지 않아서 조금 타협해서 다른 업체와 계약했다.

⟨표 2⟩ 방역업체별 가격 비교

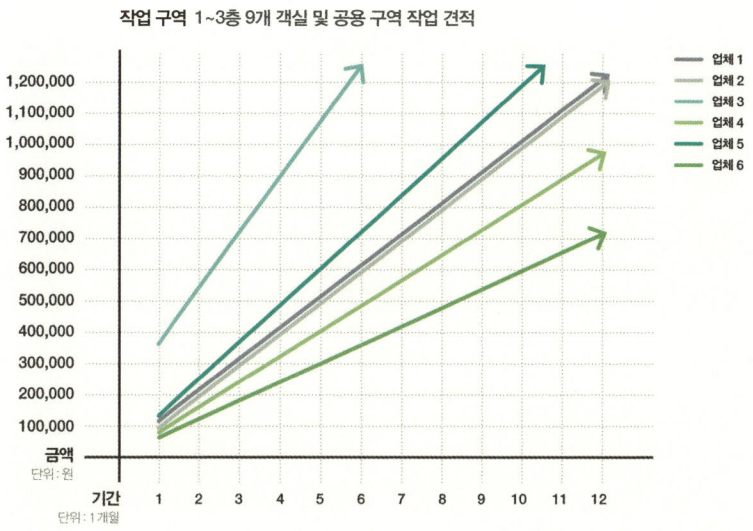

⟨표 3⟩ 방역업체별 월 소모 비용

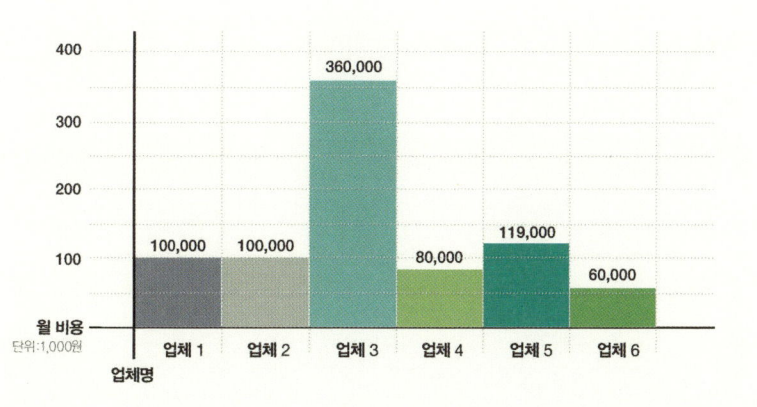

세탁은 전문 업체에 맡긴다. 손님이 사용한 시트커버와 이불보, 베개 커버들은 매일 수거해가고 빨래가 된 것들은 다시 가지고 온다. 수건부터 시트커버까지 전부 다 업체에서 관리하는데, 직접 세탁을 하는 다른 게스트하우스들과 차별화되는 부분이다. 일반 게스트하우스에서는 홑이불이나 이불 패드를 주로 사용한다. 일반 가정집에서처럼 이불 커버와 이불솜을 사용하지 않는다. 왜냐하면 그만큼 손이 많이 가고 번거롭기 때문이다. 그리고 커버 색깔도 알록달록한 색을 많이 사용하는데 이불에 오염이 생기더라도 티가 잘 안 나고 관리하기가 쉽기 때문이다.

하지만 모노하우스에서는 시트도 호텔식으로 준비하고 이불은 일반 가정집처럼 이불솜에 이불 커버를 씌워서 사용한다. 이불보 재질도 호텔에서 사용하는 고급 리넨을 사용하고 색상도 하얀색을 쓴다. 하얀 이불은 오염이 발생하거나 얼룩이 지면 바로 표시가 나고 머리카락이나 먼지가 묻으면 금방 티가 나서 청소와 세탁에 더 신경을 써야 한다. 하지만 그만큼 철저하게 관리할 자신이 있기 때문에 하얀색을 선택했다.

보안과 안전은 CCTV와 도어락으로 관리한다. CCTV는 객실을 제외한 모든 곳에 설치하여 사각지대 없이 모두 확인할 수 있으며, 건물 외부 사방과 내부 입구, 복도 계단 등에도 꼼꼼하게 설치했다. 또한 모노하우스에는 금고가 있어서 손님이 맡기는 귀중품을 안전하게 보관할 수 있다. 여행할 때는 귀중품을 많이 가져오지 않기 때문에 금고에는 주로 손님이 예매를 부탁한 콘서트 티켓 같은 것을 보관한다.

직원이 만족해야 고객도 만족한다

 나는 직원에게 처음부터 잘해주지는 않는다. 수습 기간 3개월 동안 힘든 일을 많이 시키고, 그때 못 버티면 인연이 아니고 만약 버티고 견디면 본격적으로 업무를 가르친다. 급여는 나이에 맞게 준다. 그리고 과거에 무슨 일을 했는지, 지금은 어떤지 등 대화를 많이 하는 편이다. 모노하우스를 이끌어나가는 데 가장 중요한 것은 직원이기 때문이다. 직원은 모노하우스의 얼굴로 그들의 행동에 따라 손님들이 기분 좋게 돌아갈 수도 있고, 악플러로 변할 수도 있다.
 아르바이트생과 직원은 일을 대하는 태도가 천지차이여서 가능한 한 아르바이트생을 안 쓰려고 한다. 아르바이트생은 시간만 때우다 가면 끝이라고 생각하는 경우가 많고 책임감이 없다. 하지만 직원은 그렇지 않다. 그래서 나는 직원들에게 책임감을 심어주기 위해 끊임없이 동기부여를 하고 회사의 비전과 전망에 대해서도 이야기해준다. 지금은 모노하우스가 안정적으로 운영되고 있으니 굳이 그런 이야기를 하지 않는다. 직원들이 팀장들을 보면서 비전을 발견하고 그 뒤를 따라오고, 팀장들도 직원들을 잘 이끌고 있기 때문이다. 그런 면에서 지난 4년의 노력이 헛되지는 않았다.

신규 직원을 3개월 동안 지켜보다가 잘하면 뭔가 미션을 주고, 그 미션도 열심히 해내면 정직원으로 고용한다. 정직원이 되어서도 1년 정도까지는 두고 본다. 숙박업은 1년 4계절을 겪어봐야 한 사이클을 돈 것이기 때문이다. 1년까지는 직원의 월급이 많지 않다. 그러나 1년이 지나면 그때부터 많은 것이 달라진다. 들어온 직원이 나하고 마음이 잘 맞는데 일도 열심히 한다면 어느 순간 그 직원 역시 팀장이 될 것이다.

모노하우스에 대한 최종적인 생각은 이렇다. 1호점부터 계속 늘어서 홍대에만 한 15호점까지 생겼다고 하자. 그러면 팀장급으로 키운 그 직원에게 점포 하나 혹은 두 개를 아예 맡겨서 관리하게 할 생각이다. 그래서 목표한 만큼의 수익을 내면 그 수익의 일정 퍼센트를 인센티브로 주는 방식을 생각하고 있다. 급여도 당연히 받고 수익의 몇 퍼센트를 인센티브로 받는 것이다.

모든 점포를 내가 다 관리할 수 없고, 지금 팀장들만으로는 다 할 수 없다. 사실 지금도 과부하상태이다. 매장은 늘었는데 사람을 더 뽑지 않고 최적화시켜서 유지하다 보니 기존 직원들이 힘들어하고 있다. 그래도 힘든 기색을 비치지 않고 열심히 해주는 모습이 그저 고마울 뿐이다. 나중에는 지금 직원들에게 매장을 하나씩 맡겨서 예약부터 전부 관리할 수 있게 만들고 싶다. 여기서 규모가 더 커지면 지금 말단으로 있는 직원들이 중간 관리자로 올라갈 여지가 충분하다. 그리고 그렇게 되어야 전체적으로 제대로 관리할 수 있다.

점포는 직영으로 운영할 계획이다. 업주하고 계약을 맺을 때도 직영으로 해서 모노하우스에서 위탁 운영하는 방식을 취할 것이다. 수익 배분은 월 수익의 일정 퍼센트를 지급하든 아니면 월 얼마의 금액을 고정으로 보내든 상관없지만 모든 경영권은 모노하우스에서 관리할 계획이다. 그렇게 운영하다가 모노하우스 운영진 측에서 문제가 생겨서 더는 운영할 수 없는 상황이 되면 알아서 빠지겠다고 할 수도 있다. 경영에 충분한 노하우가 쌓였고 그만큼 자신이 있기 때문에 과감하게 배팅할 수 있는 것이다.

보통 이렇게 배팅하기가 쉽지 않다. 하지만 나는 이미 동일한 시스템을 구축해서 게스트하우스를 여러 곳 운영 중이고 그것을 그대로 접목만 하면 되기 때문에 과감하게 시도할 수 있다. 그리고 이런 부분을 자신 있게 말하면서 세부 사항을 투자자들에게 설명하면 투자자들도 거부하기 힘든 매력을 느낄 것이다. 그래서 지금 사업 확장을 위해 직원 한 명 한 명을 눈여겨보고 있다.

예전에 사업을 하다가 망한 적이 있다. 나는 그 이유가 전적으로 사람 때문이라고 생각해서 지금은 직원들을 수시로 체크하고 관리

한다. 안색이 안 좋으면 무슨 일이 있는지 물어보고 만약에 문제가 있다면 그 일부터 해결하게 한다. 직장일도 일이지만 개인적인 일이나 집안에 무슨 일이 있을 수 있고 그런 문제가 게스트하우스에서 일할 때도 영향을 미치기 때문이다. 예를 들어 애인하고 싸우고 출근했다면 일이 손에 잘 안 잡힐 게 뻔하고, 그런 경우 빨리 가서 그 일부터 해결하라고 일찍 퇴근시킨다. 그렇게 일을 해결해야 직원도 다시 모노하우스에 집중할 수 있다.

팀장급 직원들은 이미 직원이라는 개념을 떠나서 자기가 매장의 주인이라는 인식을 가지고 있다. 퇴근하고 나서도 게스트하우스에 일이 생기면 따로 말하지 않아도 나와서 일을 처리한다. 그러다 보니 팀장급들에게는 너무 일에 얽매이지 말고 시간을 여유 있게 쓰라고 권하는 편이다. 이렇게 내가 팀장들을 끌어주고, 팀장들이 다른 직원들을 끌어주면서 모두가 성장해나가고 있다. 신규로 직원을 뽑으면 훈련 과정 동안 꼼꼼히 지켜보고 괜찮다는 판단이 들면 아낌없이 지원해줄 계획이다. 그 시간을 3개월에서 1년까지로 보고 있다.

모노하우스 1호점을 처음 시작했을 때는 돈을 아끼려고 모두 아르바이트생으로 고용했다. 그러다가 직원 두 명하고 셋이서 모노하우스를 할 때는 청소 한 명만 아르바이트생으로 고용했다. 그러던 것이 지금까지 이어져서 당시 두 명의 직원은 지금 팀장이 되었다. 나는 직원을 함부로 해고하지 않는다. 그리고 지금까지 일하던 친구들 중에 그만둔 친구들은 워킹홀리데이 기간이 끝나서 돌아간 직원들뿐이다. 그 직원들이 나중에 손님으로 와서 모노하우스에 묵을 때면 묘하면서도 뿌듯하다.

사람들을 고용해서 일을 시키다 보면 개중에는 매우 문제가 많거나 적성에 아예 안 맞는 친구들도 있다. 그야말로 난감하고 속 터지는 상황이지만 최대한 직접 뽑고 훈련시킨 직원들은 함부로 대하지 않는다. 얼굴에 티를 내면서 직원을 적으로 만들면 그 직원이 적이 되어 영업장에 타격을 입힐 수도 있기 때문에 일부러라도 그러지 않으려고 노력한다. 일부러 더 잘해주고 뭐가 문제인지 물어보고 그 문제를 해결하도록 도와준다. 만약 내가 하는 게 힘들면 팀장에게 도와주라고 따로 말하고, 그러면 팀장들이 알아서 잘 해결한다.

하지만 직원을 배려한다고 해서 절대 일을 허술하게 처리하지는 않다. 직원의 실수로 예약이 잘못되었거나 뭔가 일처리에 부족한 부분이 보이면 바로 지적하고 시정하게 한다. 내가 매일 게스트하우스에 나갈 수는 없다 보니 외부에서 예약 시트를 확인하고, 일주일에 하루는 매장에 가서 전체적으로 꼼꼼하게 살펴본다. 예약, 현재 상황, 청소 상태, 예약 현황표 기입란까지 하나하나 다 훑어본다. 그 후 잘못된 부분에 관해 물어본다. 하기로 한 것이 왜 안 되어 있는지, 정리는 왜 저렇게 되어 있는지, 카드를 낸다고 하고 현금으로 지급한 것 같은데 왜 금액은 맞는데 장부에는 정리가 안 되어 있는지 등 자세하게 물어본다. 점포를 많이 늘려가려면 기본을 제대로 잡아주어야 업주들이 직원을 신뢰할 수 있다.

내가 매일 거르지 않고 하는 일과 중 하나는 구글 드라이브에 모노하우스 각 점포의 예약 현황과 객실 현황, 매출 현황 등과 관련된 내용을 올리는 것이다. 정보가 매일매일 저장되고 구글 드라이브가 잘못되지 않는 이상 자료는 계속 쌓이게 된다. 업주들은 이를 통해 자신이 투자한 점포가 예전에는 어땠고 지금은 어떤 상태인지 바로 확인할 수 있으니 더 신뢰할 수 있다.

초반에 팀장급들이 한동안 나를 무서워했다. 실제로 무섭게 하기도 했고. 아니다 싶은 부분에서는 전부 짚고 넘어갔고 잘한 부분에 대한 칭찬은 인색한 편이었다. 그렇게 2년 이상 함께 일하다 보니 이제는 조금씩 칭찬을 해주고 있다.

직원 복지, 그거야 기본이지

　팀장에게는 기본 급여 외에도 수익의 일정 퍼센트를 인센티브로 주고 있다. 전부 꽉 쥐고 혼자 하려고 하면 할수록 올라갈 수 있는 부분에 한계가 있다. 다른 데서도 욕심 때문에 문제가 생기는 경우를 많이 보았다. 예전에 동대문에서 호텔을 8개까지 했을 때도 느꼈던 것은 결국 욕심 때문에 서로 문제가 생긴다는 것이다. 내가 욕심을 조금 버리면 그 순간부터 좀 더 잘될 수 있다. 그래서 과감하게 배팅을 했다. 어떻게 생각하면 손해라고 생각할 수도 있지만 그렇게는 생각하지 않는다. 왜냐하면 팀장들이 나보다 더 열심히 일하기 때문이다. 그래서 사실은 더 많이 가져가야 한다고 생각한다. 지금은 그 밑에서 말단 직원으로 일하는 친구들도 계속 키워서 팀장급으로 만들고 그 후에는 매장을 하나씩 맡기고 싶은 게 내 생각이다.

그리고 모노앤플러스가 법인회사가 되면서 직원들에게 사대보험을 적용할 수 있게 되었다. 개인회사 때는 하지 못했는데 법인이 설립되면서 가능해졌다. 팀장급 세 명의 직원은 모노앤플러스 직원이 파견 나간 것으로 처리하고 그 아래 직원들은 모노하우스에서 개별 고용한 것으로 처리했다. 추후 말단 직원들의 역량이 더 늘어나고 모노하우스가 성장해서 지점이 늘어난다면 팀장급 직원을 추가로 더 뽑을 계획이다.

팀장의 경우 사대보험과 기본급, 인센티브, 중간중간 해외에 나갈 때는 지원금을 주기도 하고 명절에는 상여금도 지급한다. 다른 게스트하우스에서 보면 과하다 싶을 정도로 직원을 챙겨주지만 그렇게 하는 만큼 돌아온다. 만약 혼자 움켜쥐고 있었다면 이렇게까지 크지 못했을 것이다. 그리고 팀장들에게는 이런 보상들이 동기부여가 되어서 일하는 동력이 된다. 팀장들이 나이에 비해 돈을 많이 받는 것은 사실이지만 그만큼 고생했고, 처음부터 그렇게 많이 주지는 못했다.

직원들은 접객 태도에 대한 매뉴얼이 있어서 그대로 행동하고 대응한다. 대신 게스트하우스다 보니 호텔보다는 좀 더 편안하고 자유로운 분위기다. 행동이나 자세, 말하는 방식을 호텔처럼 일괄적으로 통일하지 않고 기본 틀 안에서 어느 정도 자유롭게 행동하고 그게 게스트하우스만의 장점이다. 너무 딱딱하면 손님들도 불편해할 수 있고, 원칙 안에서 행동하며 그 원칙만 벗어나지 않으면 손님과 직원 모두 인간적이고 편안하게 서로를 대할 수 있다.

　모노하우스에는 패밀리룸이 있어서 가족도 많이 오는데, 1호점에는 하나이지만 2호점과 3호점으로 갈수록 더 많다. 그리고 모노하우스 전체로 보면 2인실, 3인실, 4인실, 5인실, 6인실로 다양하게 구성되어 있고, 3인실 이상이 패밀리룸이다. 패밀리룸은 가족끼리 이용하기도 하지만 한 공간에 일행끼리만 있고 싶어서 친구들끼리 한꺼번에 묵기도 한다. 호텔은 객실이 트윈이나 더블 위주인데 게스트하우스의 패밀리룸은 가족이나 4인 이상의 여행객 요구를 유연하게 수용할 수 있다. 호텔은 이런 패밀리룸을 이용하려면 스위트룸 같은 곳을 이용해야 해서 금액 차이가 비교할 수 없을 정도이다. 패밀리룸은 앞으로 큰 호텔이 생겨도 살아남을 수 있는 게스트하우스만의 장점이자 경쟁력이다.

모노하우스 탑 시크릿 2

모노하우스 하우스키핑 매뉴얼

📍 객실 청소 준비 단계
① 리셉션에서 매니저에게 업무를 배정받는다.
② 당일의 업무 참고 자료와 정보를 전달받는다.

📍 객실 청소 본 단계
게스트하우스 객실 청소를 위해 먼저 룸메이드는 메이드 바구니에 청소용품과 비품, 소모품이 들어 있는지 확인한다. 확인이 끝나면 할당된 구역으로 옮겨 청소를 시작한다.

① 객실 출입
- 객실에 들어가기 전에 반드시 노크를 하고 기다렸다가 인기척이 있든 없든 'maid service' 또는 'housekeeping'을 2회 정도 나지막하게 이야기하고 10초 정도 대기한다. 퇴실한 객실은 관리자 비밀번호를 입력한 후 들어가고, 고객이 재실 중인 객실은 고객의 허락을 받고 들어간다.
- 고객이 재실 중일 때는 고객에게 인사를 하고, 청소를 해도 좋

은지 물어본다. 객실 안에서 청소할 때는 객실 문을 닫지 않는다. 이는 a) 고객의 보안 문제와 b) 객실 내 환기와 냄새 제거를 위해서다. 청소 도구는 반드시 문 앞에 놓아 외부인이 객실 안으로 들어오는 것을 방지한다.

- 객실 안에 들어가서는 커튼을 열고 혹시 커튼이 더럽지 않은지도 살핀다. 창문을 열고 환기시키는데 에어컨이 켜져 있으면 끈다. 만약 고객이 객실에 머물고 있을 경우에는 에어컨을 켜놓은 상태로 청소한다. 이때는 고객에게 방해가 되지 않게 유의한다.
- 퇴실한 객실인 경우는 고객이 놓고 간 물건은 없는지 살핀다. 이때 실수로 놓고 간 물건인지, 버린 물건인지 판단이 어려우면 프론트에 보고하고 지시를 따른다.
- 파손된 비품(거울, 램프, 디퓨져, 창유리, 소품, TV, 세면기 등)이 있으면 프론트에 즉각 보고한다.

② 침대 꾸미기
- 침대 시트와 베개 커버를 벗겨서 의자 위에 놓는다.
- 침대 시트와 베개 커버를 벗길 때 돌돌 말아서 벗기지 말고 보기 좋게 개면서 하나씩 순서대로 벗긴다. 그리고 새것으로 교

- 환해야 할 침구류는 모두 거두어서 한곳에 모은다.
- 새 시트와 베개 커버 등 필요한 침구류를 가지고 객실로 들어간다. 이때 타월류도 미리 필요한 수량만큼 가지고 들어가면 일이 훨씬 빠르다. 그리고 세탁한 새 침구류여도 혹시 얼룩이 묻어 있거나 찢어진 곳은 없는지 잘 살펴본다.
- 침대는 침구류를 교체하기 쉽게 테이블에서 10cm 정도 띄어 놓는다.
- 매트리스와 패드를 가지런히 펴놓는다. 필요에 따라 매트리스 위와 아래의 방향을 바꿔주기도 한다.
- 시트를 편다. 침대 끝에서 매트리스를 쌀 수 있을 만큼의 길이를 늘어뜨리고, 좌우에 늘어지는 부분은 중심을 잡아 펴놓는다. 다음에 머리 쪽으로 가서 시트 중심선을 맞춘다. 시트는 매트리스 위에 상하좌우 같은 넓이로 펴놓고, 네 모서리를 삼각이 되게 접어 매트리스와 침대 박스 사이로 깊숙이 넣는다. 손바닥으로 끼워 넣고 잡아 올렸던 부분을 놓고 처진 부분을 매트리스 밑으로 밀어 넣는다. 좌우 처진 부분은 단정히 매트리스 밑으로 밀어 넣는다.
- 침대 커버는 침대 끝 쪽에서 아래 방향으로 바닥에 닿기 전까지 내리고 중심선을 맞추어 머리 쪽으로 잘 덮어씌운다.

- 베개 커버는 입구 양면을 양손으로 잡고 힘을 주어 털면 팽팽하게 벌어지는데, 그 속에 베개를 넣고 남은 부분은 안으로 접어놓는다.
- 매트리스를 밀어 넣는데, 먼저 침대와 매트리스 사이에 오물이나 유실물 등이 있는지 다시 한번 확인한다.

③ 객실 청소
- 램프 갓, 액자, 거울, 커튼, 헤어드라이기, 창틀 등의 먼지를 걸레로 닦고 컵, 휴지통을 욕실로 옮겨 세면기 물에 담가둔다.
- 먼지가 창문으로 빠지고 가라앉을 동안 욕실 청소를 시작한다. 욕실을 청소하고 난 후에 다시 객실부터 청소한다.
- 진공청소기의 플러그를 꽂고, 창문 쪽에서부터 입구 쪽으로 천천히 청소한다.
- 의자를 한쪽으로 치우고 진공청소기로 바닥을 청소한 후 의자를 원위치시킨다.
- 의자, 테이블, 침대 등 가구에 진공청소기가 부딪치지 않게 하고 플러그가 빠지지 않게 유의한다.
- 냉장고 내부의 물기와 악취를 제거한 후에 상단과 덧문 사이의 먼지를 닦는다.

- 객실 청소가 끝나면 청소 시 열어놓았던 창문을 닫는다. 만약 좋지 않은 냄새가 나면 창문을 계속 열어서 환기시키고 프론트에 보고한다.
- 쓰레기통을 청소할 때는 특히 머리카락에 주의하고 물에 씻거나 담가서 청결하게 청소한다.
- 각티슈가 부족하면 채워 넣고 냉장고에 생수도 인원수대로 넣어둔다.
- 청소 완료 후 블라인드를 내리고, 정비된 상태를 다시 한번 세밀히 점검한다.

④ 욕실 청소
- 제일 먼저 욕실 불을 켠다. 욕실 소모품 중에 사용한 것은 수거하여 쓰레기봉투에 담고 사용하지 않은 것은 욕실 바구니에 담는다.
- 수세미에 세제를 묻혀 컵을 깨끗하게 닦은 후, 따뜻한 물로 충분히 헹군다. 그다음에 깨끗한 타월을 펴서 엎어놓는다.
- 샤워헤드와 변기 후레시 등에 이상이 없는지 살피고, 이상이 있을시 프론트에 보고한다.
- 욕실 벽면은 습기와 물방울 등으로 얼룩이 묻기 쉽지만 청소

할 때 넘어가기 쉬운 부분이다. 벽면을 청소할 때는 먼저 따뜻한 물을 전체 벽면에 뿌리고 세제를 묻힌 수세미로 문질러 닦은 다음 다시 물로 씻어낸다. 이후 마른걸레로 물기를 제거하고 깨끗하게 닦아낸다. 특히 천장 부근의 이물질과 수포 등을 제거한다.

- 변기 내부는 수세미를 사용하여 깨끗하게 청소한 후, 변기 주위와 뚜껑, 바닥 등의 물기를 마른걸레로 깨끗이 닦아낸다. 변기 청소 시 주의할 점은 간혹 물 내림이 원활하지 않아 세제 물이 제대로 배수되지 않을 때가 있으므로 끝까지 물 내림을 확인한다.
- 세면대는 부드러운 수세미로 문질러 흠집이 없게 하고, 깨끗하게 씻은 후 따뜻한 물을 사용하여 거품을 없애고 마른걸레로 물기가 남지 않도록 닦는다. 세면대 거울은 가장 얼룩이 남기 쉬운 부분으로, 전용 세척액을 이용하여 코팅시켜주고 마른걸레로 충분히 닦는다.
- 욕실 바닥은 세제를 묻힌 수세미로 깨끗하게 닦아낸 다음, 따뜻한 물로 헹구어 얼룩이 남지 않게 하고 마른걸레로 물기를 닦아낸다.

⑤ 기타

- 벽에 걸린 액자가 깨끗한지, 기울지는 않았는지, 안전하게 부착되어 있는지 확인한다.
- 벽지에 얼룩이 없는지 확인한다. 그리고 바닥 모서리와 굽도리, 냉장고 안쪽, 객실 문 뒤 등 진공청소기가 닿지 않는 곳을 꼭 짠 걸레로 먼지를 닦아낸다.
- 객실 천장의 벽지를 체크하고 스프링클러와 화재 감지기 등 주변에 이물질이 없는지 확인한다.

⑥ 타월류 및 용품 정돈

- bath towel 2장 : 길게 한 번 접고 폭으로 한 번 접어서 다시 3등분하여 접은 다음, 둥근 쪽을 전면으로 오게 해서 타월 선반 위에 올려놓는다.
- wash cloth 2장 : 가로와 세로로 한 번씩 접어서 세면대 위 선반에 포개어놓는다.
- 화장지 1개 : 휴지걸이 통에 끼워놓고 사용하던 휴지가 1/2 남아 있으면 교체하지 않고 끝부분을 좌우로 접어 삼각형을 만든다.

⑦ 주방 청소
- 정수기 주변을 수시로 체크하고 냉장고 안을 정리 정돈한다.
- 커피가 부족하면 채워놓는다.

⑧ 고객 요청문 세탁물
- 고객용 세탁물 접수 시 주머니 속에 귀중품이나 물건이 있는지 확인한다.
- 각종 세탁물 접수 시 세탁물에 이상이 있으면 고객에게 통보하여 확인한 뒤에 세탁한다.
- 세탁물 사고가 발생하면 확인 뒤 즉시 매니저에게 보고한다.
- 배달 시 주의 사항 : 특별 서비스의 세탁물은 특히 시간을 엄수하여 신속하게 배달한다. 그리고 건조 상태, 오손된 곳, 탈색된 곳, 세탁 불량 등을 확인 점검한다.

📍 게스트하우스 기타 정비

① 출입문 정비
- 출입문을 청결하게 유지한다. 이는 미적인 이유와 게스트하우스의 첫인상에 커다란 영향을 주기 때문이다.
- 게스트하우스 출입문 청소 횟수는 날씨에 따라 결정한다.

- 눈이나 비가 오는 날에는 오지 않는 날보다 더욱더 주의를 기울인다.
- 봄철이나 겨울철에는 흙비나 황사가 현관 바닥 카펫과 현관 유리문 등을 더럽히니 자주 청소한다.
- 유리 청소 및 세척은 작업 일정표에 따라 수시로 한다.
- 출입문 밖에 매트를 깔아두면 발자국 등 외부에서 들어오는 먼지를 예방할 수 있다.

② 로비 정비 및 복도 정비
● 리셉션에 먼지가 앉지 않게 하고 수시로 닦는다.
● 휴지통을 자주 비워 깨끗하게 유지하고 걸레질도 자주한다.
● 로비와 복도 바닥에 수리할 부분은 없는지 살피고 정비한다.
● 1층 청소실을 깔끔하게 유지하고 쓰레기는 분리수거한다.
● 컴퓨터 선반, 1층 냉장고, 유리문, 액자, 현관 등 주변의 먼지를 닦는다.

③ 분실물 습득 처리 방법
● 분실물 발생 시 메모 사항
- 습득한 객실 호수, 날짜, 시간

- 습득물 내용

  - 습득한 직원 성명

- 분실물을 찾으러 왔을 시 확인 사항

  - 숙박한 호수 및 퇴실 시간

  - 분실물 내용

- 습득물 보관 기간 : 게스트하우스의 분실물 처리 과정에 관한 규약을 보면 '제7조 (보관 기간) 습득된 물건의 보관 기간은 습득일로부터 1년으로 한다'라고 되어 있다.

  - 분실물 처리 시 해당 게스트하우스의 이미지가 상승한다.

  - 고객의 물품을 체계적으로 관리하면 고객에게 무한한 신뢰를 받을 수 있다.

  - 서비스 요원의 정직성과 양심을 보여주므로 고객 감동을 유발한다.

  - 고객에게 공신력과 신뢰감을 줄 수 있다.

5장
마케팅과 프랜차이즈 전략

마케팅으로 손님을 사로잡아라

모노하우스 마케팅의 중심은 파워 블로거를 이용한 입소문 마케팅이다. 입소문 마케팅으로 지금까지 대만, 홍콩, 말레이시아, 싱가포르, 일본 등에서 많은 손님을 끌어들였다. 그리고 최근에는 지점을 늘려가다 보니 파워 블로그들이 역으로 연락해오기도 한다. '이번에 한국에 가는데 모노하우스에서 묵고 싶다. 그곳에서 묵을 수 있게 해줄 수 있느냐'는 식으로 직접 물어온다. 그러면 나는 몇 박이든 다 해주라고 한다. 파워 블로거들이 묵고 나면 모노하우스에 대한 글을 올리는데, 물론 나쁜 부분도 올리지만 대부분 좋은 부분을 써준다. 그러면 이것을 본 팔로워들이 이후 한국에 여행올 때 고객이 되는 것이다. 파워 블로그들은 팔로워가 몇만 명은 되기 때문에 이들과 계속 관계를 유지하고 있고, 신규로 모노하우스를 오픈할 때면 이들이 블로그를 통해 팔로워들에게 소식을 알려준다.

파워 블로그 외에도 잡지나 방송을 통해 마케팅을 하고 있다. 예를 하나 들면, 2016년 1월에 〈슈퍼 아이돌〉이라는 프로그램에 참가한 중국 출연진들이 모노하우스에서 묵었고, 그 모습이 방송으로 방영되었다. 〈슈퍼 아이돌〉은 MBC 드라마넷에서 방송한 서바이벌 프로그램으로, 중국과 한국 양국에서 아이돌을 뽑는 프로그램이었다. 방송 당시 중국 본토에서 아이돌 지망생들이 한국에 왔고 모노하우스 본점에 묵었는데, 당시 모노하우스에서 촬영한 부분들은 지금도 마케팅용으로 사용하고 있다.

이런 것들을 활용하여 중화권에 적극적으로 마케팅을 하고 있는데, 중국 본토의 경우 라인을 선호하는 대만과 달리 스마트폰 사용자의 95% 이상이 위챗이라는 메신저를 사용하고 있다. 위챗은 메신저 기능 외 결제, 송금, 예약, 할인 쿠폰 서비스 등을 생활 전반과 밀착된 기능들을 탑재하고 있어 중국인들의 일상과 떼어놓을 수 없는 도구이다. 유튜브나 페이스북, 인스타그램 등의 사용이 불가능한 중국 본토의 특성을 볼 때 위챗을 마케팅에 적극 활용하는 것은 불가피한 선택이다. 따라서 모노하우스는 위챗 토털 서비스 전문회사인 '위챗코드'와 협력 관계를 맺고 마케팅 및 위챗 결제 등 서비스를 진행하고 있으며, 향후 중국인들이 모바일 몰을 통해 직접 위챗 결제로 모노하우스를 예약할 수 있도록 시스템 구축 중이다.

촬영을 할 당시는 모노하우스 2호점을 하기 전이었는데, 다른 게스트하우스 업주들 사이에서는 방 9개짜리 게스트하우스에서 왜 저렇게 난리를 피우냐고 생각하기도 했다. 하지만 2호점을 결정하고 준비 중이었기 때문에 2호점을 오픈하면 손님이 늘어날 거라고 예상했고, 미리 준비하자는 마음으로 협찬을 진행했다. 그 후 생각보다 빠르게 3호점까지 오픈하게 되었고, 3호점을 준비하는 와중에 생각지도 못하게 4호점까지 이어졌다. 4호점은 원래 다른 분이 게스트하우스를 하던 곳이었다. 그래서 일단 그대로 인수해서 모노하우스 시스템으로 돌려보고 있다. 내부 공사는 2017년 1월에 시작하여 한두 달 정도 공사를 마치고 모노하우스 버젯으로 재탄생했다.

모노하우스 버젯은 모노하우스의 이코노미 버전이다. 모노하우스는 각각의 객실 안에 화장실과 샤워실이 있는데, 버젯은 화장실과 샤워실을 공용으로 사용한다. 대신 객실 디자인과 콘셉트, 리넨 침구나 베개 같은 것들은 모노하우스와 똑같은 품질로 사용한다. 4호점이 버젯 1호점이 되는 것인데, 버젯 1호점이 성공적으로 정착하면 이후에는 다른 게스트하우스를 인수하는 방식으로 버젯 점포를 늘려나갈 계획이다. 단가는 모노하우스보다 1인당 3만 원가량 더 싸다. 일반 게스트하우스보다는 조금 더 높지만 그렇게 많이 비싸지는 않다.

버젯 1호점은 그전에 게스트하우스일 때도 도미토리 형식이 아니라 개별 방으로 팔던 곳으로, 모노하우스와 시스템이 비슷해서 모노하우스 버젯으로 바꿀 수 있었다. 인수 시에는 상대 업주가 어떻게 생각하고 있는지도 알아야 하고 방이나 화장실, 기타 구성이 어떻게 세팅되어 있는지도 확인해야 한다. 그렇게 사업성을 저울질해 봤을 때 해봐도 될 것 같다는 판단이 나왔고, 때마침 업주가 인테리어를 리뉴얼한다고 했다. 그리고 리뉴얼에 일정 부분 투자할 수 있다고 해서 함께하기로 결심하게 되었다. 일반 모노하우스의 경쟁업체가 호텔이라면 모노하우스 버젯의 경쟁업체는 기존의 일반 게스트하우스다.

앞서도 얘기했지만 모노하우스의 핵심 고객은 중화권의 20~30대 여성 손님들이다. 그 외에 가족끼리 오거나 남성끼리 오거나 남녀가 오는 경우도 있다. 비율로 따지면 여자끼리 오거나 가족끼리 온 경우가 70~80%, 연인끼리는 10~15% 정도이다.

모노하우스는 디자인을 잡을 때도 여성 손님들의 눈높이에서 잡았다. '이렇게 깔끔하고 예쁜 게스트하우스에 가보고 싶다', '자보고 싶다', 이런 느낌이 드는 게 목표였다. 본점의 콘셉트는 '머물고 싶은 모노하우스'이다. 2호점과 3호점은 '정원이 있는 아름다운 모노하우스'이다. 부산 1호점은 '스타일리시한 모노하우스'이다. 이렇게 오픈하는 지역과 장소마다 조금씩 다른 콘셉트를 가지고 특징 있는 디자인과 스타일을 추구해왔고 오픈할 때마다 손님들의 반응이 좋았다.

모노하우스에는 1호점을 시작할 때부터 사진을 찍어주던 기자가 있었는데, 지금도 그 기자가 찍고 보정해준 사진을 마케팅에 사용

하고 있다. 보통 게스트하우스들은 직접 사진을 찍거나 가까운 사진관에 부탁해서 찍는데, 그런 사진들은 느낌이 잘 안 살아난다. 사진의 구도를 어떻게 잡느냐, 색 온도를 어떻게 지정하느냐에 따라서 따뜻해 보이기도 하고 차가워 보이기도 하고 넓어 보이기도 하고 좁아 보이기도 하고 예뻐 보이기도 하고 아늑해 보이기도 한다. 사진 기자들은 그런 것을 아주 잘 알고 있다. 물론 비용이 싸지는 않지만 손님들에게 보여줄 수 있는 가장 직관적인 게 사진이기 때문에 좀 더 신경을 쓰는 게 좋다. 그리고 그렇게 신경을 써서 나온 사진은 마음에 들 수밖에 없다.

  12월부터 2월까지 겨울은 한국 관광에서 비수기다. 이때는 평소보다 좀 더 많은 서비스를 해주어 손님을 끌어야 한다. 모노하우스에서는 12월부터 2월 사이에 방문하는 손님들에게는 봉고 차량을 이용해 공항에서 픽업 서비스를 하고 있다. 부산에서 2박 이상을 하고 서울에서 2박 이상을 하면 할인해주는 프로모션도 있다. 추후 외국까지 브랜드를 확장해서 외국에 모노하우스가 생기면 그쪽과도 연계해서 프로모션을 진행할 계획이다.

그리고 여행 상품과도 연동할 계획이다. 여행 상품을 담당할 사업부를 따로 만들어서 질 좋은 여행 서비스를 제공한다면 손님들의 한국 여행의 질과 만족도가 더욱 높아질 것이다. 하지만 이런 계획을 실행할 때 좀 더 저렴한 가격에 호텔과 같은 품질을 유지하면서 고객 만족도를 높이는 것을 항상 최우선 목표로 두어야 한다. 모노앤플러스를 만들거나 파워 블로거와 연동하는 것도 이러한 이유 때문이다. 추후에는 콘텐츠 사업이 주가 될 예정이다.

규모화가 정답이다

앞으로는 게스트하우스도 규모화가 되어야 한다. 각개전투로 호텔이나 비즈니스호텔들과 경쟁하기에는 한계가 있다. 조만간 큰 호텔들이 홍대에 줄줄이 들어서게 될 텐데 그때는 상황이 더 어려워질 것이고, 호텔에 밀려서 저가 출혈 경쟁을 하다 보면 출구가 보이지 않을 것이다. 그러니 확실하게 서비스하고 제대로 돈을 받는 게 낫다.

모노하우스는 지금 홍대에만 4개를 운영하고 있는데 규모가 커지면 더 다양한 서비스도 가능해진다. 그래서 여기에 투자할 투자자들과 파트너십을 맺고 함께할 업주들이 있다면 충분히 지원할 생각이다. 투자자들은 자기 일을 계속하면서 게스트하우스 투자를 통해 아무런 노동 없이 큰 수익을 낼 수 있다. 그러다가 모노하우스와 비전이 맞는다는 생각이 들면 동업자로서 함께 일할 수도 있다.

모노하우스는 홍대 외에도 부산에 하나 있고 명동에서는 호텔봉봉을 운영 중이다. 만약 명동에서 게스트하우스를 하고 싶으면 호텔봉봉과 연계할 수도 있다. 호텔봉봉은 지금 위탁 운영 방식으로 정식 이름은 호텔봉봉 바이 모노하우스이다. 그런데 명동은 조금 조심스럽게 접근해야 한다. 왜냐하면 명동에는 워낙 호텔들이 많고 지금도 객실이 500~600개인 호텔이 계속 들어서고 있기 때문이다. 만약 그들끼리 출혈 경쟁이 붙어서 요금을 내리게 되면, 그 순간부터 작은 업체들은 감당할 수가 없고 일대는 쑥대밭이 될 가능성이 매우 높다.

하지만 만약에 투자자들이 함께하고 싶은데 홍대가 아닌 다른 곳에 내고 싶다면 홍대만 고집하지는 않다. 외국 손님들이 많이 찾는 곳이라면 모노하우스는 어디든 가능하다. 결국 게스트하우스는 외국인들을 상대로 하는 것이기 때문이다. 내국인들은 숙박한다고 해도 금요일이나 토요일에 1박 정도 하는 것이 전부지만 그날은 굳이 내국인들이 객실을 채우지 않아도 충분히 채워진다.

숙박업에서 매출을 좌우하는 것은 주중에 객실이 얼마나 채워지는가이다. 그래서 외국인들이 많이 오는 지역에 게스트하우스를 열어야 한다. 외국인들이 찾지 않는 곳에는 열어봐야 100% 망하기 때문에 외국인 손님들이 많이 찾는 곳 중에 선택하는 것이다. 그렇게 입지를 살펴본 후 가능성이 있는 곳이라면 안 할 이유가 없다. 앞에서도 이야기한 입지 선정과 장소 선정 기준에 따라 판단하면 된다. 리무진 버스와 지하철역 등의 조건을 따지고 주변에 도보로 관광할 수 있는 곳이 있는지도 따져본 후에 결정하면 된다.

대만과 중국 관광객은 서로 베이징어를 쓰면 말이 통한다. 중국어를 간체로 쓰느냐 번체로 쓰느냐의 차이뿐이다. 중국 본토는 약자를 쓰고 대만은 약자를 쓰지 않는다. 그런데 홍콩에서 쓰는 광둥어는 베이징어와 매우 다르다. 우리나라로 따지면 제주도 방언 같다고나 할까.

모노하우스 홈페이지나 관련 포스팅은 대만 사람들도 보지만 중국 본토 사람들이 더 많이 본다. 그런데도 중국 본토보다 중화권 손님이 많은 이유는 중국 본토 사람들에게 아직 홍대라는 지역 자체가 잘 알려지지 않았기 때문이다. 홍대는 관광 공사 같은 곳에서 계속 홍보하고 있고 드라마에도 자주 나오며 유명 연예기획사도 홍대에 있다. 그래서 앞으로 더더욱 인지도가 높아지고 파급이 빨라질 것이다.

일본과 중국을 비교해보면 일본은 단체 여행에서 시작하여 개별 여행까지 20년이 넘게 걸렸다. 그런데 중국은 젊은 층이 많고 SNS가 발달하여 단체 여행에서 벌써 개별 여행으로 넘어왔다. 속도가 몇십 배 빠르다. 그렇게 생각하면 홍대 상권은 앞으로 살아날 수밖에 없다.

만약에 명동에서 게스트하우스를 한다고 하면 그것도 가능하다.

일단 업주를 만나보고, 위치가 어딘지 확인하고 입지 조건도 살펴본 다음 사업성이 있다고 판단되면 해도 괜찮다. 하지만 입지는 괜찮은데 내부가 깔끔하지 못하면 인테리어 공사를 다시 해야 할 테고, 이도저도 아니면 게스트하우스를 열기는 어렵다. 모노하우스라는 브랜드이미지가 있기 때문에 서로 안 어울리는데 억지로 끼워 맞출 수는 없다. 만약 투자자가 이런 부분에 동의하면 적극적으로 검토해서 인테리어 공사를 진행하고 동시에 몇 개월 후부터 수익을 낼 수 있을지 판단해서 알려준다.

신촌은 모텔이 너무 많아서 접근하기가 쉽지 않다. 예전에 숙박업소가 부족할 당시에는 홍대에서 놀다가 신촌으로 넘어가는 관광객이 많았다. 그래서 신촌에 남는 객실이 없을 정도였는데, 게스트하우스가 생기고부터 홍대에서 놀다가 택시를 타고 신촌까지 넘어갈 필요가 없어졌다. 홍대에서 놀고 게스트하우스에서 자는 문화로 바뀐 것이다. 그 후 신촌의 상권도 많이 죽었다. 하지만 그래도 신촌에서 게스트하우스를 열고 싶다는 요청이 온다면 역시 입지나 사업성을 판단하여 가부를 결정할 것이다. 신촌의 상권이 예전만은 못해도 아직 외국인 관광객이 많이 찾아오고, 모노하우스만의 특징과 장점이 있기 때문에 이를 잘 살리면 충분히 메리트가 있다.

프랜차이즈로 성공하라

프랜차이즈 창업을 생각하다가 맨 처음 생각한 것은 투자를 받아서 직영으로 경영하는 것이었다. 숙박업이 보기에는 쉬워 보이지만 아무나 해서 쉽게 성공할 수 있는 분야가 아니다. 잘못하면 투자금만 다 날리고 마음고생을 심하게 할 수 있어서 전문화된 사람이 하지 않으면 살아남기가 힘들다. 그리고 실제로 그런 사람들이 부지기수다.

지금 4호점도 그런 경로로 맡게 되었다. 앞서 이야기했지만 4호점은 기존 게스트하우스를 인수받아 시작한 곳이다. 이곳에서 게스트하우스를 운영하던 분도 처음에는 의욕이 앞서서 열심히 했지만 6개월 만에 포기하고 도움을 요청했다. 남들은 게스트하우스를 해서 돈을 번다고 하는데 실제로 해보니 그렇지 않았고, 노동력만 투자하고 제대로 벌지도 못한 것이다. 게다가 개인 사생활은 없고 돈도 못 벌고 잠깐만 자리를 비워도 괜히 불안해지니 몇 달 만에 이러지도 저러지도 못하고 고민만 깊어졌다고 한다. 그러다가 힘들게 시작했는데 차마 사업을 접을 수는 없어서 계약 기간까지만이라도 해봐야겠다 싶어서 나를 찾아오게 된 것이다.

그래서 모노하우스 4호점은 위탁 운영 방식으로 운영하게 되었다. 위탁 운영 방식은 다른 분이 하던 것을 모두 인수인계를 받은 후 점주에게 매월 수익에서 일정 금액을 주고 운영은 모노하우스 방식대로 하는 것이다. 그런데 이때 조심해야 하는 것이 바로 경영에 관한 부분이다. 나는 "경영에는 절대 관여하면 안 됩니다. 관여하면 제가 못합니다"라고 확실하게 못을 박고 점주에게 약속을 받아낸 후에 진행한다.

게스트하우스 운영에 점주가 관여하게 되면 모노하우스 시스템을 제대로 쓸 수가 없다. 그리고 지시를 내리는 사람이 두 명이 되면 이 또한 난처하고 이미 한 번 실패한 운영 방식으로 다시 운영에 참여하는 것도 곤란하다.

그래서 계약서에 이런 부분을 확실하게 기재하고 사인 후에 위탁 운영 방식을 진행한다. 보통 수익금 배분은 월 수익과 상관없이 고정비로 일정하게 주거나 매달 수익금의 일정 비율을 주거나, 둘 중 하나를 선택한다. 그런데 대부분 고정비로 받는 것을 선호할 것이고 나도 상대 점주가 원하는 대로 매달 확실하게 금액을 지불한다.

이게 위탁 경영 방식이다.

투자를 하든지 위탁 경영을 하든지 방식은 마찬가지다. 경영은 전부 맡기고 은행 이자보다 훨씬 높은 금액의 이율을 받아가는 것이다. 투자자가 할 일은 아무것도 없다. 가끔 구글 드라이브에 들어가서 장사가 잘되는지 확인하고 매달 수익금만 받아 가면 된다.

경영과 투자는 확실히 구분되어야지 어중간하게 섞이면 나중에 문제가 많아진다. 투자자는 경영권에 간섭하지 않는 조건으로 투자만 하고 수익을 받아가는 것이 가장 좋다. 무노동으로 꽤 괜찮은 부수입을 얻어가는 것이니 이보다 더 좋을 수 없지 않은가. 투자자와 경영자 사이에 신뢰가 쌓이고 투자자들이 게스트하우스에 더 많은 관심과 비전을 공유하게 된다면, 사업을 확장할 때 또다시 힘을 실어줄 수 있고 이후 수익도 더 많이 가져갈 수 있다. 그런 과정을 통해 신뢰할 수 있는 사업 파트너가 되고, 아니면 일정 부분 교육을 받은 후에 직접 게스트하우스 하나를 운영해볼 수도 있다.

하지만 돈을 투자한 뒤 직접 일을 해보겠다고 하다가 신뢰가 깨지는 경우도 있다. 작은 일에도 의심하거나 사소한 것에서 관계가 틀어질 수 있고, 모노하우스만의 영업 방침에 불만을 가지거나 팀장에게 월급 외에 인센티브를 주는 것을 달가워하지 않을 수도 있다. 그래서 나는 그런 일을 미연에 방지하고자 투자 형식으로 프랜차이즈 창업을 진행하려고 한다.

킨텍스 창업 박람회에서 느꼈는데 투자를 원하는 사람들 중에 직접 운영하기를 원하는 사람이 많다. 그런데 부디 이런 마음에서 벗어나기 바란다. 일은 전문가에게 맡기는 게 가장 좋다. 사람들이 손쉽게 생각하고 창업하는 치킨집이나 분식집도 직접 운영하다 보면 망해서 장사 접고 투자금 다 날리는 경우가 부지기수다. 하물며 숙박업은 그보다 더 어려운 사업이다. 신경 쓸 곳도 많고 서비스 마인드가 그야말로 뼛속까지 박혀 있어야 하는 분야이다. 손님에게 간도 쓸개도 다 내주는 행동이 몸에 배어서 아주 자연스럽게 나와야 한다.

그래서 나는 직원 교육 기간을 1년으로 잡는다. 4계절을 다 겪으며 숙박업의 한 사이클을 체험한다는 의미도 있지만, 더 중요한 것은 적어도 1년은 되어야 서비스 마인드를 체득할 수 있기 때문이다. 그리고 1년은 숙박업을 제대로 배우는 데 꼭 필요한 기간이기도 하다. 봄, 여름, 가을, 겨울 각 계절마다 운영 패턴이 다르고 신경 쓸 곳도 다르기 때문에 최소한 계절별로 한 번씩 거쳐봐야 한다. 예를 들어 겨울에는 보일러 같은 난방 부분을 신경 써서 체크해야 하고 여름에는 에어컨을 체크해야 하는 등 계절마다 세심하게 관리할 부분이 다르다.

모노하우스는 젊은 손님이 많이 찾는 게스트하우스다. 그래서 직원도 젊은 사람이 할 수밖에 없다. 리셉션에 50대 이상 70대 어르신들이 앉아 있다면 젊은 손님들이 부담을 느낄 수 있다. 그리고 리셉션에는 젊고 활기찬 분위기를 조성해주는 것이 좋기 때문에 나도 분위기를 흐릴까 싶어서 자주 가지 않는다.

나는 한국에만 갇혀 있고 싶지 않다. 그래서 해외로 나갈 준비를 하고 있는데, 대만 진출을 계획 중이며 하와이 쪽으로는 진행 중인 이야기가 있다. 이런 준비 기간은 투자를 통한다면 훨씬 더 단축될 수 있고 실제로도 그렇게 되었으면 한다. 지금은 내가 가진 자본만으로 모든 일을 진행하는 데 한계가 있고 시간도 오래 걸린다. 그래서 사람과 사람의 연결을 통해 시너지를 발휘하고 나아갈 원동력을 얻어서 한 발씩 앞으로 나아가고 있다.

프리미엄 게스트하우스 모노하우스

'모노하우스'는 (주)모노앤플러스의 프리미엄 게스트하우스 브랜드로서 프랜차이즈 게스트하우스이다. 모노하우스 프랜차이즈 시스템에 대해 간단히 설명하면 다음과 같다. 투자자가 2억을 투자했다고 하자. 그래서 홍대에 5호점을 낸다고 하면 투자자가 모노하우스 5호점의 점주가 되는 것이다. 게스트하우스는 소규모로 해야 한다는 규제가 명확한 특성상 각 호마다 점주가 다르다. 70평 이하라는 규제를 명확하게 지켜야 한다. 호텔처럼 몇백 객실의 점주가 한 사람일 수는 없다.

그러면 모노하우스에서는 투자자에게 세무사를 연결해준다. 이 세무사는 모노하우스 각 점포와 모노앤플러스 법인의 세무 처리를 모두 맡아서 처리하는데, 세무와 관련된 일은 이 세무사가 모두 처리해줄 것이다. 그리고 모노하우스 5호점의 실질적인 업무는 모노앤플러스에서 파견된 팀장과 모노하우스에서 고용한 외국인 직원들이 한다. 앞에서 이야기했던 리셉션 운영부터 하우스키핑, 청소, 예약 관리, 방역 관리 등 모든 일을 깔끔하게 처리해준다. 투자자는 투자하고 매달 꽤 괜찮은 수익금만 받아 가면 되는 것이다.

사실 퇴직 후에 퇴직금으로 하는 사업은 신중에 신중을 기해야 한다. 프랜차이즈 창업의 90% 이상이 요식업이고 비교적 적은 금액으로 창업이 가능하다는 점은 장점이지만 1년 이내에 폐업하는 비율이 90% 이상이다. 하지만 '내가 하면 그렇지 않아' 하며 자기최면을 걸고 요식업 프랜차이즈에 뛰어들게 되면 그 순간부터 쉬는 날도 없이 하루 16시간 이상 죽어라 일해도 살아남기 힘든 것이 현실이다.

하지만 모노하우스에서는 모든 운영과 관리를 본사에서 맡고 창업하는 사업자에게는 충분한 수익을 보장할 뿐만 아니라 위험 부담을 최소화하여 사업 기회를 제공한다. 조금 더 구체적으로 이야기하면 다음과 같다.

예를 들어 2억을 투자했다면 그중에 1억은 임차보증금으로 들어가고 나머지 1억은 공사비로 투입된다. 계약 기간은 최소 5년 이상으로 하고 임차명의자가 게스트하우스 사업자가 된다. 그래서 투자자 이름으로 계약을 하면 투자자 명의가 된다. 그렇기 때문에 투자금 1억은 무조건 보전되며 연수익의 15~18%를 매달 되돌려 받는다. 게스트하우스에서 특별히 뭔가 일을 하는 게 아니기 때문에 본직업이 있는 사람들은 세컨드잡 정도로 생각하는 게 좋다. 대신 이율이 은행 금리보다 훨씬 높아서 안정적으로 수익금을 받아갈 수 있다.

프랜차이즈 박람회에서 이렇게 설명을 하면 대부분 반응은 좋은데 실제로 계약은 잘 이뤄지지 않았다. 직접 운영하려고 하는 사람들이 많기 때문이다. 그 많은 프랜차이즈 음식점에서 하루 종일 일해도 한 달에 200만 원 벌기도 힘든데, 우리는 무노동에 원금은 묻어두고 일부는 원금도 보장해주며 수익도 보장해준다. 프랜차이즈 음식점과는 비교가 불가능할 정도로 좋은 조건이다.

● **이익 분배 시스템**

- 5년 계약
- 투자금 2억 중 1억은 본인 명의 임대차 계약서 상 임대보증금(해당 금액 원금 보장 가능), 나머지 1억은 시설 투자
- 매달 고정 수익금 지급
- 투자금 2억에서 매달 15~18%의 수익
- 집은 임차 혹은 매입(본사 차원에서 진행하며 매입을 하더라도 1억은 임대차로 사용하고 나머지는 시설 투자금으로 사용)
- 계약 완료 시점은 5년 후 임대보증금에 해당하는 1억 반환, 나머지 투자금은 매달 수익금에 대한 보증금

〈표 4〉 모노하우스 월별 매출과 이익(8객실 기준)

월	구분	매출 달성률	매출	지출	이율
1월	비수기	79%	19,000,000	8,500,000	10,050,000
2월	비수기	72%	15,000,000	8,500,000	6,500,000
3월	평균	85%	21,000,000	9,500,000	11,500,000
4월	평균	82%	20,000,000	9,000,000	11,000,000
5월	평균	77%	18,000,000	9,000,000	9,000,000
6월	평균	79%	19,000,000	9,000,000	10,000,000
7월	성수기	82%	20,000,000	10,000,000	10,000,000
8월	성수기	82%	20,000,000	10,000,000	10,000,000
9월	성수기	80%	19,000,000	9,500,000	9,500,000
10월	성수기	82%	20,000,000	9,500,000	10,500,000
11월	성수기	85%	21,000,000	9,500,000	11,500,000
12월	성수기	87%	22,000,000	9,500,000	12,500,000
평균		81%			
수익률			234,000,000	111,500,000	122,050,000

(단위 원)

〈표 5〉 모노하우스 2016년 매출 그래프(실매출 기준)

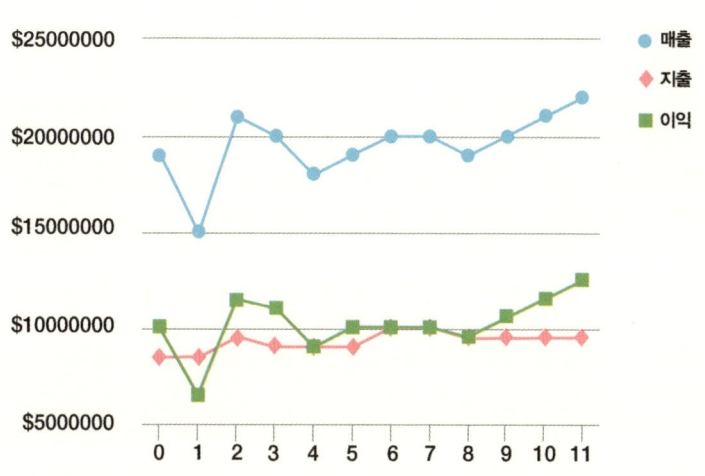

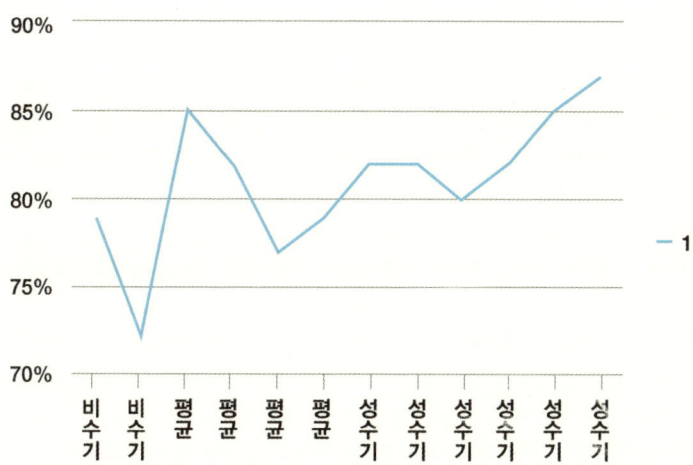

다시 한번 이야기하지만 모든 사업은 전문가가 해야 수익을 낼 수 있는 법이고 비전문가가 해서는 수익을 낼 수 없다. 우리나라 시장 자체가 특히 그렇다. 그런데 투자하는 사람들은 그것을 생각하지 않고 앞에서는 "좋네요" 하며 맞장구를 치다가 마지막에는 일산에 게스트하우스를 내면 어떻겠냐는 물음으로 끝맺는 경우가 많아서 안타까웠다.

나는 게스트하우스가 아니라 호텔도 해보았다. 게스트하우스보다는 호텔이 수익률이 더 좋지만 호텔은 현재 포화 상태이고 게스트하우스는 블루오션에 가까워서 안정적이다. 게스트하우스도 이미 많으니 레드오션이 아니냐고 할 수도 있지만 아니다. 모노하우스 같은 포지셔닝을 가진 럭셔리 게스트하우스는 얼마 없으니 블루오션이 맞다.

처음에는 투자자로 시작하지만 서로 신뢰가 쌓이고 돈독해지면 나중에는 직접 경영을 할 수도 있고, 수익금을 좀 더 많이 나눠가질 수도 있다. 지금의 시스템으로 말하자면 내가 하는 일을 투자자가 대신하는 것이다. 투자자 아래로 팀장과 각 파트 직원들이 있고, 투자자가 나중에 총괄 관리자가 되는 것이다. 주 1회 정도 매장에 나가서 돌아가는 상황을 전체적으로 꼼꼼하게 점검하고 시트나 컴퓨터 등도 확인하면 된다.

그런데 이런 단계까지 가려면 침구 정리부터 처음부터 끝까지 완벽하게 배워야 한다. 그 과정을 1년 정도 한 사이클 돌며 배운 뒤에 직접 경영하는 게 가능하다. 뭐라도 알아야 직원에게 지적을 해도 하고 알려줘도 알려줄 게 아닌가. 1년 동안 하우스키핑, 매니저, 슈퍼바이저, 총괄 관리의 전 과정을 돌아가며 배우고 나면 동업자로서 할 수 있는 일을 줄 것이다.

투자자는 자본만 투자하고 수익을 가져가는 것이니 이런 부분에 대해 굳이 배울 필요가 없다. 하지만 코워커 파트너라면 알아야 한다. 나는 투자자들과 돈만 오가는 사이로 끝내는 것이 아니라 정기적으로 만나서 모노하우스의 비전과 방향에 대해 지속적으로 이야기할 것이다. "저희가 어떻게 하고 있습니다. 그리고 앞으로는 어떻게 될 겁니다" 하는 식으로 비전을 나누고 이에 대해 느끼는 것을 피드백 받는 관계를 계속 유지할 계획이다.

동업(co-work)은 최소 5년 동안 투자자와 모노하우스의 관계로 두고 본 후에 제안할 계획이다. 매우 조심스럽게 접근할 생각인데, 왜냐하면 수익에 대한 욕심이 생기면 독립해서 나가겠다고 할 가능성이 높기 때문이다. 하지만 그렇게 되면 천천히 망해갈 확률이 높다. 단지 시스템만 가져간다고 모노하우스와 같아지는 것은 아니다. 지출이 2,000만 원 들 것을 1,000만 원으로 줄이는 노하우는 눈에 드러나는 부분이 아니다. 그 외에도 다년간 익혀온 노하우와 기술은 옆에서 본다고 해서 가져갈 수 있지도 않다.

5년이라는 시간을 설정한 것은 그 시간을 믿고 기다려온 사람들에 대한 답례이기도 하다. 동업으로 전환하면 더 많은 수익을 가져가게 되어 파트너가 된 사람도 안정적이 되고, 나도 관리할 곳을 줄여나가면서 해외나 다른 법인들에 신경 쓸 수 있다. 이렇게 윈윈할 수 있다는 생각에 장기적으로 계획을 짠 것이다.

나는 투자자들이 돈보다 더 큰 비전을 보고 참여해주었으면 한다. 나의 비전은 같이 사업의 파이를 키워나가고, 투자자가 투자를 통해 비전의 실현을 앞당겨준다면 충분히 그 역할을 했다고 생각한다. 사업은 잘될 때도 있고 잘 안 될 때도 있다. 사업이고 파트너니까 서로 인내하는 것이며 성수기, 비수기도 있고, 많이 벌릴 때도 있고, 안 벌릴 때도 있다. 이런 것을 서로 믿고 의지하며 참아주는 사람이 필요하다. 그래서 젊은 사람들과도 이야기를 많이 나눈다.

해외 진출 외에도 차후에 마케팅 전문 회사를 독립 법인으로 설립할 계획이다. 그 법인을 통해 모노하우스와 관련된 마케팅을 모두 진행하는데, 각각의 모노하우스가 마케팅 법인과 계약을 맺는 방식으로 진행할 것이다. 나는 아예 빠지고 계속 함께해온 파워 블로거들 위주로 할 생각이다. 그렇게 마케팅부터 블로거까지 총괄 관리하는 마케팅 법인은 추후 분사시켜서 독립적으로 수익을 창출하고 자생할 수 있도록 할 계획이다.

또한 이미 법인으로 운영 중인 모노앤플러스는 추후 상장까지 생각하고 있다. 여기에 대해서는 회계사와 논의하면서 천천히 준비 중이다.

결국은 전부 다 독립 법인으로 설립하는 것이 목표다. 모노앤플러스는 운영 회사니까 운영 전반에서부터 인재 파견까지 관리하고, 마케팅은 마케팅 관련 법인에서 전담하고, 여행 사업부도 나중에 커지게 되면 따로 분사시키고……. 그렇게 모노하우스와 관련된 브랜드들을 그룹화할 계획이다.

나오며

결국은 **사람**이다

  프리미엄 게스트하우스인 모노하우스 1호점을 홍대에 개점한 지 이제 3년이 되었다. 그사이에 모노하우스는 2호점과 3호점을 개점하고 부산에도 모노하우스 1호점을 개점했다. 모노하우스의 이코노미 버전인 모노하우스 버젯 1호점도 개점했으며, 홍대 5호점이 개장을 앞두고 있다. 이전에도 숙박업 관련된 일을 계속 해왔고 명동에 호텔도 운영 중이다. 그렇게 쌓인 노하우를 이용해서 강의도 나가고 창업 박람회에도 참여하고 있다.
  게스트하우스 창업을 원하는 사람들이 많다. 하지만 기존의 게스트하우스 업주들은 폐쇄적이고 자기 집 인테리어도 보여주지 않으려고 하며 자기 노하우를 알리지 않으려고 한다. 그러다 보니 정보는 한정적이고 공유되지 않는다.

내가 자주 듣는 이야기가 있다.

"대표님은 있는 대로 다 이야기해주시는데 다른 분들은 안 그러시던데요."

나는 알고 있는 정보에 대해서는 다 이야기해주고 공유한다. 그리고 도울 수 있는 부분은 도와준다.

사실 나는 30대 시절에 사업을 하다가 크게 망한 적이 있다. 그때 실패하면서 절실하게 느낀 것은 사업에 돈이 필요하기는 하지만 그 돈을 움직이는 것은 사람이라는 거였다. 그리고 일도 사람들이 하는 거다. 돈이 있으면 사업의 부수적인 부분들은 채울 수 있지만 사람은 채울 수가 없다. 사업을 하다 보면 돈만으로는 앞으로 나아갈 수 없는 부분이 분명히 생긴다.

결국은 사람이다. 사업을 하는 데 사람보다 더 중요한 것은 없다. 사람과 사람이 매개체가 되고, 사람과 사람 사이에 신뢰가 쌓이고, 이를 통해 서로 비전을 형성하고 공유하면 끝까지 함께할 수 있는 파트너십이 형성된다.

돈만 보고 사업을 하면 돈이 되지 않을 때는 사람이 튕겨나가게 된다. 사업을 하다 보면 잘될 때도 있고 안 될 때도 있는데 잠깐의 어려운 시절을 버티지 못하고 빠져나가는 것이다. 우리나라에서 한류와 관련된 큰 행사가 열리거나 드라마가 외국에서 크게 뜨면 갑자기 손님들이 많이 늘어나고 객실이 부족해서 어떡하나 하는 행복한 고민에 빠지기도 한다. 그러다가 메르스 같은 국가적인 악재가

터지면 어떻게 할 방법이 없으니 허리띠를 졸라매고 버틸 수밖에 없는 경우도 생긴다.

그래서 오래 함께할 파트너를 찾기 위해 책이 있었으면 좋겠다고 생각했는데, 마침 좋은 기회가 생겨서 이렇게 게스트하우스 창업에 대한 나의 노하우와 앞으로의 계획을 묶어낼 수 있게 되었다.

사업은 사람이다. 나는 모노하우스를 운영하고 확장해가는 과정에 파트너십을 맺고 오래도록 함께할 사업 파트너를 만나고 싶다. 사업적으로도, 개인적으로도 오래갈 수 있고 함께하면서 시너지 효과를 낼 수 있는 파트너를 만나 함께 성장하고 발전하며 부유해지고 싶다. 이 책이 그런 분들과의 연결고리가 될 수 있기를 간절히 바란다.

서우철	모노하우스 대표
	(주)모노앤플러스 대표이사
카페	http://cafe.naver.com/mononplus
블로그	http://blog.naver.com/mononplus
홈페이지	www.monohouse.kr
이메일	monohousehongdae@gmail.com

나의 경쟁 상대는
두바이 7성급 호텔이다

초판 1쇄 펴낸 날 2017년 6월 30일

지은이	서우철
펴낸이	장영재
펴낸곳	(주)미르북컴퍼니
전화	02)3141-4421
팩스	02)3141-4428
등록	2012년 3월 16일(제313-2012-81호)
주소	서울시 마포구 성미산로32길 12, 2층 (우 03983)
E-mail	sanhonjinju@naver.com
카페	cafe.naver.com/mirbookcompany
인스타그램	@mirbooks

(주)미르북컴퍼니는 독자 여러분의 의견에
항상 귀 기울이고 있습니다.

파본은 책을 구입하신 서점에서 교환해 드립니다.
책값은 뒤표지에 있습니다.